ARTES MARCIALES GAÉLICAS

Q. Cullen

COPYRIGHT ©
2017 Q. CULLEN

Q. Cullen afirma el derecho moral de
ser el autor de esta obra
Todas las fuentes están acreditadas y referenciadas

CONDICIONES DE VENTA

Este libro se vende con la condición de que no sea re vendido, alquilado o difundido de otro modo sin el consentimiento del autor

DECLARACIÓN DE EXENCIÓN DE RESPONSABILIDAD

Este libro está destinado únicamente a fines educativos. Algunas de las técnicas y acciones descritas en este texto son extremadamente peligrosas y podrían provocar lesiones graves o la muerte. No intente copiar o replicar lo que lee en este libro. Esto no es una guía de cómo hacerlo. Cualquiera que intente recrear cualquier cosa escrita en este texto lo hace bajo su propio riesgo y no asumo ninguna responsabilidad. No soy un experto en Artes Marciales y no pretendo serlo. Estos escritos son para dar una guía informativa en las artes marciales indígenas de Irlanda y la historia que les acompaña y debe ser leído por esas razones solamente. No apruebo la violencia de ninguna manera ni forma.

CONTENIDO

Artes Marciales Irlandesas
BOXEO
LUCHA LIBRE
LUCHA CON PALOS
LUCHA DE FACCIONES
CONCLUSIÓN
Referencias

TABLA DE FIGURAS

Figura 1: La postura
Figura 2: El golpe y el cruce
Figura 3: La guardia
Figura 4: Contraataque y bloqueo
Figura 5: Guardia de ataque a la derecha
Figura 6: Guardia de ataque a la izquierda
Figura 7: Golpe a las costillas y bloqueo
Figura 8: Nalga cruzada
Figura 9: Representación de la talla de la cruz del mercado de Kells
Figura 10: Estilo similar al de la cruz del mercado de Kells
Figura 11: Estilo de sujeción del cinturón
Figura 12: Sujeción del cuello y del codo
Figura 13: El talón trasero
Figura 14: El Hipe
Figura 15: Nalga cruzada
Figura 16: El bloqueo
Figura 17: Lucha libre de espalda
Figura 18: El Shillelagh o 'Sáil Éile'
Figura 19: El Cudgle o 'Smíste'
Figura 20: Ejemplo de un palo Hurley moderno

Figura 21: Neal Malone aniquilando a Miller - Pris
Figura 22: El arrastre del abrigo
Figura 23: Combate entre Kelly y Grimes - Franklin
Figura 24: Batalla de las facciones de los rasgos de William Carleton e historias del campesinado irlandés

*Fig 1-8/Fig 10 - 17 tomadas por Donald Walker's 1840 'Defensive Exercises Comprising: Wrestling, Boxing & c'

*Fig. 21-24 tomadas por William Carleton's 1852 'Traits and Stories of Irish Peasantry'.

* Portada diseñada por Bridann O'Callaghan. Twitter @bridannc32

AGRADECIMIENTOS

Un día, durante una conversación normal sobre artes marciales con mi hermano Danny, le pregunté de improviso: "¿por qué los irlandeses no tienen artes marciales?", a lo que él respondió que sí y mencionó la palabra "Bata", que inmediatamente reconocí como la palabra irlandesa para palo. Esto provocó una chispa en mí, tenía que saber más y fue a partir de esta conversación que mi viaje en la investigación de este tema comenzó, por lo que creo que merece una mención. Gracias, hermano.

Internet fue una gran fuente para hacer fluir el jugo y abrir mi mente al mundo de la cultura marcial irlandesa y su historia. Al principio empecé a indagar en el tema completamente por curiosidad y en ese momento había muy poco en Internet, excepto algunos artículos aquí y allá. Sin embargo, estos artículos me condujeron a buenos lugares y me llevaron a profundizar en los libros y archivos y también me permitieron reconocer cosas en mi vida que había dejado pasar sin comprender nunca la verdadera naturaleza de su existencia. Así que gracias a todos los que se tomaron el tiempo de escribir en el blog y comentar y compartir cualquier conocimiento que tuvieran de las Artes Marciales Irlandesas Online para que todo el mundo lo viera.

De todos los libros y artículos y sitios web y todas las demás fuentes que encontré, hay dos libros en particular que deseo mencionar. Defensive Exercises Comprising: Wrestling, Boxing & c 1840 de Donald Walker y Traits and Stories of Irish Peasantry 1852 de William Carleton. Ambos libros son indispensables: Defensive Exercises, de Donald Walker, por desglosar las artes de lucha presentes en Irlanda alrededor del 1800, lo que me permitió conocer los tipos de técnicas que se practicaban y cómo se ejecutaban, y Traits and Stories of Irish Peasantry, de William Carleton, por ofrecerme una visión más amplia de la época de las luchas de facciones y de cómo se desarrollaban, todo ello desde el punto de vista de alguien que vivió en la época en que las luchas de facciones eran habituales. También ofrece una visión de la vida de un luchador de palos. Así que a Donald Walker y a William Carleton les doy un reconocimiento póstumo a su trabajo en la creencia de que es una de las documentaciones más importantes para referirse hoy en día cuando se trata de las artes marciales de Irlanda.

PRÓLOGO

Para entender las Artes Marciales Gaélicas uno tiene que entender también la historia cultural de Irlanda y su gente. Es importante reconocer que Irlanda tiene una rica historia que se remonta a miles de años y que, aunque a menudo se presenta como oscura y sombría, hay áreas que son positivas y edificantes. El pueblo irlandés ha sufrido muchas invasiones a lo largo de los años, incluida una guerra total contra la cultura autóctona de la isla que, en un momento dado, alcanzó un nivel de genocidio cultural sin rivalidad con ninguno anterior o posterior, y que eliminó gran parte del conocimiento de la rica historia de las islas, de sus habitantes e incluso arrancó la lengua nativa de sus bocas.

Los irlandeses fueron pintados con un pincel muy duro, a menudo como simples bárbaros peludos y sin zapatos que se peleaban como tontos sin sentido. Escribí este libro para mostrar la sofisticación real que existía en la sociedad irlandesa a la hora de luchar. Para demostrar que no era un país de gamberros borrachos que se rompían el cráneo unos a otros con palos, sino un país de artistas, un país de hábiles luchadores.

Para ello, escribo este libro proporcionando algunos antecedentes históricos de la cultura guerrera que siempre ha existido en la tierra para dar una idea del mundo en el que han vivido las generaciones pasadas. Vivían bajo una nube de orgullo y honor en un ambiente continuamente competitivo. A continuación, desglosaré las técnicas y los estilos utilizados por los luchadores en un formato estructurado para explicar y mostrar el método que realmente había detrás de estas llamadas peleas.

Mi esperanza es que este libro abra las mentes de la gente a lo que Irlanda y su historia tiene que ofrecer al mundo de las Artes Marciales, pero sobre todo, sólo deseo compartir la historia marcial de Irlanda y simplemente dejar que el mundo sepa que las Artes Marciales Gaélicas existen.

ARTES MARCIALES IRLANDESAS

Na healaíona troda Éireannacha

Artes Marciales Gaélicas, una simple combinación de tres palabras que juntas crean una frase que es a la vez convincente y poderosa pero, ¿qué significa exactamente Artes Marciales Gaélicas? Para entender este término, primero debemos dividirlo en segmentos individuales. Comencemos con la primera de estas tres palabras, "gaélico". Gaélico es un derivado de la palabra Gael. Los gaélicos, también conocidos como goidels, eran un grupo étnico distinto que comprendía a los hablantes de una rama de las lenguas celtas conocida como gaélica o goidelica que incluía el irlandés o "gaeilge" de Irlanda, el gaélico escocés o "gáidhlig" de Escocia y el manx o "gaélg" de la isla de Mann.

La cultura gaélica ha sufrido un dramático declive en los últimos siglos, especialmente en la isla de Gran Bretaña, por lo que el término gaélico se ha convertido en sinónimo de Irlanda, de sus habitantes autóctonos y de la cultura asociada a su pueblo. Tomemos como ejemplo el fútbol irlandés, que se conoce como fútbol gaélico, y la lengua irlandesa, que se denomina simplemente "gaélica". Por tanto, podría decirse que la palabra gaélica tiene el mismo significado que la palabra irlandesa, pero con un significado más profundo y cultural.

Marcial y Artes son las dos siguientes palabras de la secuencia. La combinación de ambas da lugar a la conocida frase "Artes Marciales", pero, una vez más, ¿qué significa exactamente? Se cree que el término Artes Marciales tiene su origen en el latín "artibus Martis" o Artes de Marte, siendo Marte el dios romano o griego de la guerra. Así que se puede decir que el término Artes Marciales se refiere a las artes de la guerra o a las artes de la lucha. Por lo tanto, las artes marciales gaélicas son los estilos de lucha autóctonos de la isla de Irlanda y de su gente.

Relájese un segundo e imagine lo que significa para usted la palabra Artes Marciales. Decir que lo más probable es que le vengan a la cabeza imágenes de Asia no sería un salto en el vacío, ¿verdad? Imágenes como la de los humildes pero poderosos monjes Shoalin o la de los silenciosos pero mortíferos asesinos Ninja o quizás incluso la de los legendariamente leales guerreros Samurai. Ejemplos como éstos se asocian a las artes marciales de países del Extremo Oriente como China, Japón y Tailandia. Por supuesto, esto no es una sorpresa, ya que las artes marciales de las regiones asiáticas incluyen algunos de los sistemas más ricos, majestuosos y más ampliamente entrenados que se practican en el planeta hoy en día, como el Karate, el Kung Fu, el Jiu-jitsu y el Muay Thai.

Parece que para la mayoría, las Artes Marciales son un bien exclusivo de Asia, pero no es así, ni mucho menos. Al igual que los países de Asia, los países de Europa también desarrollaron sus propios sistemas de combate que se utilizaron en los sangrientos campos de batalla que han reinado en todo el continente como el de los galos y los romanos, o la guerra tribal de los celtas, vikingos, godos o vándalos. La propia palabra "marcial" tiene su origen en Europa, ya que deriva del nombre del dios griego de la guerra "Marte", y el término "artes marciales" se utilizó para describir las artes de lucha de Europa ya en el siglo XVI.

Según algunos, se cree que las artes marciales asiáticas modernas tienen su origen en un arte marcial griego que recibe el nombre de "Pankration". El pankration fue llevado a Asia por Alejandro Magno. Se dice que Alejandro tuvo un inmenso impacto en los estilos de lucha de la India y se cree que los fundamentos de las artes marciales asiáticas son probablemente una mezcla de los primeros estilos de lucha chinos e indios. Aunque los griegos practicaron las artes marciales hace siglos, no fueron ellos los únicos que establecieron sus propios estilos de lucha en el mundo occidental. Muchos otros pueblos europeos desarrollaron sus propios sistemas marciales por las mismas razones que sus vecinos asiáticos: la necesidad. En un pasado brutal, uno podía necesitar sobrevivir en los campos de batalla o defender su territorio contra tribus rivales, y esta necesidad no era una excepción en Irlanda.

Irlanda desarrolló su propio sistema marcial separado del resto del mundo debido a una cultura guerrera que se remonta a milenios atrás, desde Fionn Mac Cumhal hasta Brian Boru. Durante siglos, Irlanda vivió bajo un sistema de "Clann" y la guerra tribal era habitual en toda la isla.

La cultura guerrera también tuvo una gran repercusión en los guerreros de una época más reciente, como la Hermandad Feniana (Fenians), que estuvo activa entre el siglo XIX y principios del XX, y el Ejército Republicano Irlandés (IRA), que luchó contra el ejército británico durante la Guerra de la Independencia irlandesa de 1919 a 1921, y continuó luchando hasta los Problemas del Ulster de 1969 a 1998.

Un grupo de guerreros de élite aparece ampliamente en la mitología irlandesa. Se les conoce como los "Fianna", cuyo líder legendario era Fionn Mac Cumhal. Los Fianna se describen como bandas de guerreros que existían fuera de la sociedad como mercenarios, bandidos y cazadores. Cazaban ciervos para sobrevivir, de ahí su nombre "Na Fianna", siendo Fia la palabra irlandesa para ciervo y "Na Fianna" el plural. Aunque vivían de forma independiente, a menudo eran llamados por los reyes para luchar en tiempos de guerra.

La iniciación en la Fianna incluía rigurosas pruebas de fuerza. En una de las pruebas, un aspirante a guerrero tenía que meterse en un agujero que le llegaba hasta la cintura, donde sólo tenía un escudo para protegerse, mientras nueve guerreros le lanzaban lanzas sin piedad. Si era herido durante la prueba, el recluta fracasaba.

Otra prueba consistía en trenzar el pelo del futuro guerrero y perseguirlo por el bosque. Durante la persecución, si era atrapado, si se rompía una rama bajo sus pies o si se le desenredaban las trenzas, suspendía la prueba. Mientras se navega por el bosque se espera que uno salte una rama de la altura de su cabeza, pase por debajo de una rama tan baja como su rodilla y se saque una espina del pie mientras sigue en movimiento, todo esto debía hacerse sin perder el ritmo.

"Para convertirse en un Fian, un hombre era enterrado hasta la cintura. Se le daba un escudo y nueve guerreros le lanzaban sus lanzas. Si estaba herido, no podía unirse a nosotros. Tenía que correr por el bosque con sólo la longitud de la rama de un árbol entre él y sus perseguidores. Tenía que correr a toda velocidad sin romper una sola rama, ni dejar que el arma que llevaba

en la mano temblara, ni que sus perseguidores le hirieran. Si hacía alguna de estas cosas no podía unirse a nosotros. Tenía que saltar una rama tan alta como su frente y agacharse bajo otra tan baja como sus rodillas sin romper el paso. Si un hombre podía hacer todo esto, todos sus parientes de ambos lados de su familia tenían que renunciar a cualquier reclamación de compensación si lo mataban, incluso si lo mataban en el acto, ni nadie podía vengarse de sus familiares, debería el hombre dar ofensa. Sólo la Fianna podía reclamar venganza o ser objeto de ella".

Oisín Mac Finn

Brian Boru fue el último verdadero "Ard Rí" (Alto Rey) de Irlanda. Fue el primer y último hombre que unió y gobernó Irlanda como un único país libre. Boru y su ejército de guerreros derrotaron a los vikingos en la batalla de Clontarf, en 1014. Sin embargo, su victoria duró poco. La leyenda cuenta que, mientras rezaba en su campamento a poca distancia del lugar de la batalla, unos vikingos que huían tropezaron con su tienda y allí encontró su destino. El victorioso Ard Ri fue decapitado. Por brutal que fuera, el legado de Boru nunca se ha olvidado.

El legado de Boru comenzó a la edad de 10 años mientras estudiaba entre los monjes de un monasterio. Mientras asistía al monasterio, su padre fue asesinado por los vikingos. Boru quedó devastado y regresó a su "Rath" familiar. Un Rath es un fuerte rodeado por un foso y barreras defensivas, una vivienda común de la época. Una vez de vuelta a casa, Boru comenzó a aprender algo que los monjes nunca pudieron enseñarle. Sus hermanos eran duros y vivían en un mundo mucho más salvaje que el del monasterio, de vuelta al rath Boru comenzó a aprender a luchar. Se entrenó en el combate con armas y sin ellas, utilizando técnicas como el "bloqueo de brazos irlandés", una forma de lucha similar a la "lucha de ciervos", en la que se tomaba un agarre fijo y se utilizaba la fuerza para vencer a tu oponente. Boru y sus hermanos también jugaban juntos al Hurling y al Kick ball, aunque a diferencia de los deportes convencionales de hoy en día, estos juegos tenían un toque truculento, ya que a menudo eran peleas sangrientas que se jugaban con una piedra y no con una pelota. Boru creció en el Rath sentado alrededor del fuego por la noche escuchando historias de los legendarios guerreros de Fianna y sus grandes aventuras y viajes. Este fue un capítulo importante en su vida, ya que estas historias le influirían profundamente en su vida posterior.

Años más tarde su hermano se convertiría en líder de la tribu y haría la paz con los vikingos. Boru no podía soportar esto ya que la matanza de su progenitor nunca fue perdonada así que él y una banda de leales guerreros se fueron a las colinas de Munster donde vivieron como sus ídolos de la infancia - los Fianna, y empezaron a realizar incursiones en los asentamientos vikingos utilizando fuertes tácticas de guerrilla.

Durante su estancia en las colinas, Boru se percató del terrible conflicto entre los Clanes nativos y pensó que era un hecho nefasto ya que todos eran irlandeses. Creía que debían luchar contra el invasor y no contra sus compatriotas, así que se dispuso a unir a las tribus enfrentadas contra las fuerzas vikingas extranjeras, lo que finalmente condujo a ese fiel día de 1014 conocido como la Batalla de Clontarf.

Brian Boru fue un poderoso guerrero como muchos otros antes y después de él. Por lo tanto, un guerrero, ya sea celta, gaélico, vikingo o samurái, es un guerrero y el sistema de lucha que utiliza el guerrero es un arte, por lo tanto, al igual que los países asiáticos que son conocidos por tener una rica y antigua herencia de artes marciales, Irlanda también tiene una rica y antigua herencia de artes marciales y, al igual que los estilos orientales, la mayoría de los sistemas se desarrollaron a partir de los diversos sistemas de guerreros y técnicas de lucha utilizados en los campos de batalla. El objetivo de este manuscrito no es contextualizar los antiguos sistemas guerreros, sino explorar los sistemas algo más modernos que se desarrollaron gracias a esta gran cultura guerrera del pasado de Irlanda. Sorprendentemente, varias artes marciales irlandesas aún sobreviven hoy en día de una forma u otra. Viven una existencia oculta en lugares donde uno menos se lo espera, pero se esconden a la vista de todos. Por ejemplo, el hurling. Se trata de uno de los deportes autóctonos más importantes de Irlanda, pero, aunque no lo creas, en realidad tiene un origen en las artes marciales. El hurling era originalmente un arte marcial de lucha con palos y el juego se desarrolló para enseñar a los chicos los métodos de la guerra y desarrollar su agilidad. En retrospectiva, al introducir a los jóvenes en una atmósfera competitiva armados con palos, la lucha está destinada a estallar. Uno de los luchadores más conocidos del hurling fue nada menos que el legendario "Cú Chullain".

Otra vida menos esperada es ese bastón que quizás veas a tu abuelo usar para ayudarse a caminar, una rama sólida de espino negro aceitada o barnizada con un pomo redondeado en la parte superior para agarrarse. Como un bastón, pero no exactamente, ya que se trata de un Shillelagh. El Shillelagh es un bastón de espino negro curado de aproximadamente un metro y medio de longitud que suele tener un pomo en la parte superior. Hoy en día se utiliza habitualmente como bastón y se vende en las tiendas de turismo de toda Irlanda. Sin embargo, este bastón tiene una historia un poco más siniestra que la de ser un simple ayudante para caminar. Podría decirse que es un símbolo de la violencia de la Irlanda rural. Durante el siglo XVII, Gran Bretaña prohibió a los irlandeses la posesión de armas formales, como las cuchillas. En aquella época era habitual que un hombre estuviera armado para protegerse, por lo que la aplicación de dicha prohibición fue un insulto directo al pueblo irlandés. Los nativos tomaron represalias disfrazando sus armas, en este caso como un bastón. Pero este bastón de aspecto inocente era en realidad un arma mortal, ya que su propietario estaba probablemente entrenado en el antiguo arte marcial de la lucha con bastones irlandeses. Los palos de shillelagh eran generalmente gruesos y curados, por lo que eran lo suficientemente densos como para aplastar un cráneo humano con facilidad.

El bastón de la policía, un bastón de combate muy común utilizado por los servicios de policía de todo el mundo, se sigue utilizando para luchar, pero no se asocia necesariamente con Irlanda. Este bastón es un descendiente directo del garrote corto irlandés. El garrote corto surgió cuando los irlandeses eran tan letales con los Shillelaghs más largos que incluso éstos empezaron a ser prohibidos. Así que, en desafío, los hombres empezaron a acortar sus Shillelaghs para poder ocultarlos de las autoridades británicas dentro de una chaqueta o dentro de una bota, y fue a partir de esta arma más corta que se desarrolló el bastón de policía moderno.

Por último, está el arte del boxeo. El boxeo es un arte marcial para todos aquellos que lo dudan. Desde que los hombres están en la Tierra han participado en peleas de puños. Pero fueron los griegos quienes establecieron por primera vez las reglas de este deporte. Con el tiempo se convirtió en algo demasiado sangriento para los griegos, pero los romanos eran un pueblo sediento de sangre y se instaló entre sus gladiadores, pero cuando el Imperio murió, también lo hizo el boxeo. A partir de aquí, el boxeo pasó a la clandestinidad.

El boxeo que vemos hoy en día puede atribuirse a Irlanda y Gran Bretaña desde que resurgió en Londres a principios del siglo XVIII. Como muchas naciones, Irlanda desarrolló sus propios estilos de boxeo. Durante años, los irlandeses han estado asociados al boxeo y han producido muchos grandes campeones, no sólo en Irlanda sino también en Norteamérica.

Las artes marciales irlandesas incluyen:

Dornáliocht (boxeo), Coríocht (lucha), Speachoireacht (técnicas de patada utilizadas principalmente junto con la lucha y el boxeo) y la más destacada de todas, Bataireacht (lucha con palos).
La época dorada de estas artes, en particular del Bataireacht, fue durante el fenómeno de la "lucha de facciones".

Durante el siglo XIX, las luchas entre facciones estaban muy extendidas en Irlanda. Las bandas conocidas como "Facciones", que a menudo se contaban por cientos y a veces por miles, se armaban hasta los dientes con palos, garrotes, herramientas agrícolas e incluso piedras para luchar por el territorio, el poder, las creencias políticas y a veces simplemente por el orgullo. Los campos de batalla eran las plazas de la feria, los mercados, los hipódromos y, a menudo, las calles de las ciudades y los pueblos. En los mejores combates morían personas y decenas resultaban heridas. Los combates se registraron por primera vez en Tipperary en 1805 y rápidamente se extendieron "como un incendio forestal" a todas las partes del país. Ni una feria, ni un mercado, ni ninguna reunión pública estaba completa sin que estallara una pelea entre facciones. Sólo en 1836, se registraron más de 100 peleas de facciones en Tipperary. Puede pensar que se trata de simples peleas bárbaras y sin sentido, pero puede estar equivocado. Se sabe que estos combatientes empezaban a entrenarse desde muy jóvenes y que se entrenaban sin descanso en el arte que habían elegido antes de lanzarse a los campos de batalla. La lucha de facciones ha recibido una nueva atención en los últimos años gracias a la premiada película de Martin Scorsese "Gangs of New York" de 2002.

"Por mi parte, fui entrenado tempranamente para el Cudgeling, y antes de llegar a mis catorce años podía pronunciar una opinión sabia y precisa sobre los méritos de un Shillelagh".

William Carlton - Traits and stories of the Irish peasantry

En los peligrosos tiempos de las guerras de facciones, el pueblo irlandés consideró necesario entrenarse en estas artes de lucha para protegerse. Junto con el Shillelagh, se lanzaban patadas, puñetazos y lanzamientos en estas peleas, por lo que realmente era un sistema de lucha completo teóricamente hablando.

El Shillelagh, el bastón de espino negro irlandés que una vez conocimos como el que llevaban los felices duendecillos de los estereotipados cuentos de hadas irlandeses, era en realidad un arma asesina que se utilizaba en batallas muy estructuradas entre familias, bandas, comunidades, septos y tribus en las que eran habituales las luchas a muerte. El uso del Shillelagh en las peleas es la razón más probable por la que ha quedado tan profundamente arraigado en la historia de Irlanda, en contraposición a su uso moderno como bastón tradicional.

BOXEO

Dornálíocht

El boxeo se ha practicado en Irlanda durante muchas generaciones y debe gran parte de su historia a las técnicas de lucha con puños de las tierras celtas, en particular de Irlanda. Muchos de los primeros boxeadores profesionales de Europa y América eran irlandeses y los irlandeses se han convertido en sinónimo de este deporte. Sin embargo, el tema a tratar no es el estilo profesional de boxeo que vemos en la televisión, sino el propio "arte del pugilismo" y cómo los irlandeses practicaban y utilizaban este arte a su manera.

El pugilismo es el término que designa el deporte de la lucha con los puños. Un ejemplo común del estilo que se practicaba en Irlanda consistía en que dos oponentes sin guantes o acolchados adicionales para proteger sus manos, se enfrentaban durante todo el tiempo que fuera necesario, normalmente hasta que sólo quedaba un hombre en pie. A diferencia del boxeo moderno, en el pugilismo no sólo se utilizaban técnicas de golpeo, sino que también se realizaban lanzamientos y zancadillas. Estos combates solían durar una hora o más, y con los puños desnudos golpeando con fuerza el cráneo, durante este tiempo las manos iban a agonizar, por lo que el agarre era esencial. Hoy en día, esta forma de pugilismo tiene reglas un poco más estrictas y es más conocida como Bare Knuckle Boxing o BKB.

La película de Ron Howard "Far and Away" de 1992, protagonizada por Tom Cruise y Nicole Kidman, explora el tema de los irlandeses y el pugilismo y da un ejemplo de cómo pudo desarrollarse una pelea concreta en aquella época. En la película, los personajes de Tom Cruise y Nicole Kidman, Joseph y Shannon, emigran de Irlanda a Estados Unidos, donde se encuentran en las calles de Boston, dominadas por los inmigrantes irlandeses en el siglo XIX. Joseph descubre que se puede ganar más dinero convirtiéndose en pugilista que trabajando en un empleo menor. En la época en la que está ambientada la película, los irlandeses tenían fama de vivir en condiciones precarias y duras, por lo que era habitual que los habitantes de las comunidades de inmigrantes irlandeses se pelearan en los bares, las calles y los callejones. Las peleas eran una forma de combatir la pobreza extrema en la que vivían, ya fuera participando o simplemente siendo espectadores de un combate organizado acompañado de una sed de sangre y unos cuantos dólares para apostar.

En una escena en particular tenemos una reputada visión de cómo podía desarrollarse una pelea. Comienza con un chico que dibuja una línea de tiza en el suelo y grita las reglas. (Había algunas reglas escasas en este deporte, pero muy pocas. Normalmente se aplicaban para beneficiar a las apuestas más que a los propios luchadores). Los luchadores ponían su pie principal en la línea y, una vez que lo hacían, comenzaba el combate. En una pelea típica como esta recreación, una vez que el asalto comenzaba, sólo terminaba cuando un hombre era derribado. Entonces se le daban treinta segundos para levantarse y volver a la línea o perdería. El combate se ganaba cuando un hombre quedaba completamente inconsciente o se daba por vencido.

La película también ofrece una buena representación visual del atuendo de los púgiles. A menudo, el púgil se desnudaba hasta la cintura y solía llevar pantalones largos de Johns. A menudo se ataba un pañuelo alrededor de la cintura para sostener la espalda. En el caso de un combate multinacional, la bandera nacional podía atarse a la cintura. Sin embargo, todo esto no estaba grabado en piedra, ya que los combates podían estallar espontáneamente, por lo que los combatientes luchaban con lo que llevaban puesto. La película nos ofrece una sola interpretación de la lucha mediante el arte del pugilismo. Incluso en los viejos tiempos, las peleas a puñetazos no se limitaban a los bares y callejones, sino que incluían combates organizados dentro de un ring, como el boxeo actual.

El año 1838 se considera la edad de oro del boxeo a puño limpio, ya que se instituyó el Reglamento de Peleas de Premio de Londres. Entre los grandes púgiles irlandeses de esta época se encuentran John L. Sullivan y Paddy Ryan. Aunque las reglas de lucha del premio de Londres eran más exhaustivas que las anteriores reglas Broughton, no eran nada comparadas con las reglas del boxeo moderno: No golpear, no golpear a un hombre derribado, no golpear por debajo del cinturón, no dar golpes o mordiscos, no dar patadas, no caer sobre un oponente de rodillas y no agarrar de la cintura para abajo.

Un destacado pugilista irlandés es Dan Donnelly. Dan Donnelly nació en Dublín en 1798 y fue el primer campeón de peso pesado nacido en Irlanda. Antes de su notoriedad, Donnelly trabajaba como carpintero y era conocido por ser un asiduo de las tabernas, donde era reconocido como un duro luchador y un duro bebedor.

En la época de la infancia de Donnelly, Irlanda era un país devastado, siendo Dublín el lugar más indeseable de todos. La mayoría de los dublineses vivían en viviendas de una sola habitación, con una media de diez habitantes por habitación. Él mismo era uno de diecisiete niños. La delincuencia y las enfermedades abundaban, pero incluso en las duras calles de Dublín, se decía que Donnelly era un hombre difícil de provocar e incluso hacía todo lo posible por evitar resolver un desacuerdo a la manera tradicional irlandesa. Sin embargo, cuando se le provocaba, era conocido por ser muy hábil con los puños. Una de esas ocasiones ocurrió en la zona portuaria de Dublín en la que vivía, donde corrió a investigar el sonido de una mujer que gritaba. La encontró atacada por dos fornidos marineros y fue directamente en su ayuda. Luchó con valentía y coraje, pero los marineros acabaron destrozándole el brazo con palos y piedras durante la acalorada pelea. Por suerte, le llevaron al médico y, sorprendentemente, el primer diagnóstico que éste recomendó fue la amputación, lo que claramente habría impedido cualquier futuro en la carrera de combatiente, pero al final el médico pudo recomponer el brazo.

Donnelly se recuperó y volvió a sus costumbres de beber y pelear duro. Sin embargo, tenía una brújula moral detrás de su temible posición en Dublín. También era conocido por enfrentarse a las bandas enemistadas de Dublín y se ganó la reputación de ser un hombre que mantenía a raya a los delincuentes de la ciudad.

Con el tiempo, la reputación de Donnelly llegó a oídos de los púgiles y un boxeador empezó a perseguirle en las tabernas exigiendo un combate. Donnelly se mostró reacio, pero finalmente aceptó y el combate tuvo lugar en el muelle del Gran Canal. Sin embargo, como su reputación se mantiene, incluso hasta que ambos hombres adoptaron sus posturas de combate, Donnelly trató de convencer al otro hombre, pero sus intentos cayeron en saco roto. Así que empezaron a intercambiar golpes y la pelea se alargó hasta que Donnelly se llevó la victoria en el 16º asalto convirtiéndose en el campeón de la ciudad.

En 1800 se aprobó el Acta de Unión que fusionó los reinos de Irlanda y Gran Bretaña en uno solo, convirtiéndolo en el Reino de Gran Bretaña e Irlanda. El país no tenía líder y necesitaba desesperadamente a alguien que le diera a "Gran Bretaña una nariz sangrienta".

Alrededor de la época de la lucha de Donnelly, un aristócrata irlandés que se encontraba en una taberna inglesa, llamado Capitán William Kelly, escuchó a dos hombres burlarse de la reputación de Irlanda de tener una población de gente valiente. Se sintió muy insultado por lo que había oído, así que fue a buscar a un irlandés para restaurar la credibilidad de su tierra natal, lo que finalmente le llevó a Dan Donnelly.

El primer combate importante de Donnelly fue bajo el mando del capitán Kelly y tuvo lugar en Curragh, en el condado de Kildare, el 14 de septiembre de 1814 en Belecher's Hollow, un anfiteatro natural que se utilizaba a menudo para las peleas de premio. Su oponente era Tom Hall, un pugilista que recorría Irlanda dando lecciones de sparring e instrucciones de boxeo. Se dice que 20.000 personas se agolparon en Belecher's Hollow para ver la pelea, que se celebró en una sección de seis metros que había sido acordada en el centro. El combate duró más de veinte minutos y Donnelly resultó vencedor. Pasó los cinco días siguientes en una taberna de Kilcullen celebrando su victoria. Donnelly era ahora el Campeón de Irlanda y el pueblo irlandés celebraba un nuevo héroe que era el ganador simbólico de una pelea mayor. Cada vez que su duro puño aplastaba una nariz inglesa era visto como un golpe contra el propio opresor. A partir de entonces, Belecher's Hollow fue rebautizado como "Donnelly's Hollow".

Algún tiempo después de la pelea de Hall, Donnelly fue abordado por George Cooper y Tom Molyneux, dos luchadores de primera categoría, y fue retado por Molynuex. Pero Donnelly declinó diciendo que no tenía interés en pelear con un hombre conquistado ya que Cooper ya lo había derrotado. Molyneux se puso furioso, pero se calmó y Cooper decidió que pelearía con Donnelly en su lugar.

El combate tuvo lugar el 13 de diciembre de 1815 de nuevo en Belecher's Hollow, que ahora era Donelly's Hollow. Se dice que 20.000 espectadores asistieron a la batalla pugilística. Cooper tenía una reputación temible y era de sangre gitana. La pelea estaba diez a uno a favor de Donnelly para ganar. Sin embargo, en el undécimo asalto, tras un salvaje ataque de Donnelly, Cooper cayó de espaldas y Donnelly lo remató en el duodécimo asalto con un feroz golpe que le destrozó la mandíbula. Se dice que los vítores del público se compararon con los de la artillería y se oyeron en muchos kilómetros a la redonda. Se puede encontrar un relato de esta pelea en una balada irlandesa de autor desconocido que lleva el nombre de "Donnelly y Cooper":

Venid todos los irlandeses nacidos de verdad,
donde quiera que estéis,
Os ruego que prestéis atención; y escuchadme;
Es la historia más verdadera que jamás hayáis oído,
Sobre Donnelly y Cooper que lucharon en Kildare.

Fue el 3 de junio, mis muchachos, cuando se envió el desafío,
De Britannia a la vieja Granua para que levantara

a sus hijos una vez más,
Para renovar su satisfacción, y su crédito para recordar;
Así estaban en la distracción desde que el
audaz Donnelly conquistó todo.

Cuando Granua leyó el desafío, y lo recibió con una sonrisa,
Será mejor que te apresures a ir a Kildare, mi querido hijo,
Allí reinarás victorioso, como siempre lo has hecho antes,
Y tus hazañas brillarán más gloriosas en
toda la costa de Hibernia.

El desafío fue aceptado, y aquellos nobles
muchachos se prepararon,
Para enfrentarse al Capitán Kelly en el Curragh de Kildare,
Los ingleses apostaron diez a uno aquel día contra
el pobre Dan,
Pero tales probabilidades nunca desanimarían
la sangre del irlandés.

Cuando estos dos campeones matones se
desnudaron en el cuadrilátero,
Se enfrentaron varonilmente, y a trabajar comenzaron,
De seis a nueve se enfrentaron, hasta que Danny lo derribó,
Bien hecho, mi niño, Granua sonrió, esto es diez mil libras.

En el segundo asalto Cooper derribó a Donnelly,
Pero Dan también tenía acero, y se levantó con mucha fuerza,
Entonces Cooper se mostró muy activo y derribó
a Donnelly una vez más.
Los ingleses gritaron, la batalla se puede dar por terminada.

Los vítores de los ingleses hacían sonar las válvulas,
Mientras su campeón inglés seguía brincando en el suelo,
Apostando libremente diez a uno, en el
suelo en el que se encontraban,
Que su valiente héroe pronto engañaría
a su jactancioso irlandés,

Larga vida a la Srta. Kelly, grabó en la llanura,

Entró audazmente en el ring, diciendo, Dan, ¿qué quieres decir?
Diciendo, Dan, hijo mío, qué quieres decir,
El hijo de Hibernia, dice ella,
Toda mi hacienda he apostado por ti, valiente Donnelly.

Cuando Donnelly recibió la caída después del segundo asalto,
Habló con el Capitán Kelly, mientras yacía en el suelo,
Diciendo, no temas, pues no estoy vencido,
aunque tengo dos caídas,
Les haré saber, antes de irme, que les haré pagar por todo.

No tengo miedo, valiente Donnelly, dijo la señorita Kelly,
Porque he apostado mi carroza y cuatro para que ganes el día;
Eres un verdadero irlandés de nacimiento,
la alta burguesía lo sabe bien,
Y en las llanuras de la dulce Kildare este
día, ellos muestran su valor

Donnelly se levantó de nuevo, y se enfrentó con gran fuerza,
Pues para sorprender a los nobles todo lo que hizo fue luchar,
Cooper se mantuvo en su propia defensa, el esfuerzo
resultó en vano,
Recibió entonces un golpe en la sien que
le hizo caer en la llanura,

Hijos de la orgullosa Britania, dejad de jactaros,
Ya que por nuestro héroe Donnelly, vuestro héroe ya no es;
En once asaltos recibió nueve golpes, además
de romperse la mandíbula
Sacudid las manos, dice ella, valiente Donnelly,
la batalla es nuestra.

Después de la pelea de Cooper, Donnelly abrió una taberna con la esperanza de que su fama le proporcionara una gran clientela, pero su desenfreno le superó, ya que por cada bebida que servía a un cliente se servía a sí mismo, por lo que acabó acumulando una gran deuda.

Por ello, se fue a Inglaterra para intentar hacer carrera en las peleas de exhibición, pero fracasó. La gente quería verle en una pelea real, así que aceptó un combate de premio contra Tom Oliver fijado para el 21 de junio de 1819. Hubo una gran expectación por este combate y se apostaron 100.000 libras, una fortuna en aquella época. Cuando la pelea se llevó a cabo y los golpes fueron balanceados ambos pugilistas todavía estaban luchando después de una hora de riguroso bruto y corazón, pero fue Donnelly quien obtuvo la victoria en la ronda 24

Donnelly regresó a Dublín y una vez más abrió una taberna, aunque esta vez tuvo bastante éxito, pero sus borracheras acabaron pasándole factura y el 18 de febrero de 1820 murió a la edad de 32 años. Fue enterrado en Bully's Acre, Kilmainham, Dublín, pero la historia de Donnelly no terminó aquí.

Durante los días siguientes a su muerte, amigos y admiradores leales montaron guardia junto a su tumba, ya que el robo de tumbas era una práctica común en la época. Un cuerpo fresco podía hacer que un ladrón de tumbas ganara hasta 10 libras, una bonita suma para la época. Aun así, una noche, cuando la multitud había abandonado la tumba, su cadáver fue robado y vendido a un tal Dr. Hall. Una gran multitud salió a la calle y exigió que el cuerpo fuera devuelto. Hall se negó al principio, pero pronto fue persuadido después de que le aseguraran que Donnelly o él mismo estarían en la tumba al final de la noche. Así que el Dr. Hall devolvió el cuerpo, pero no antes de serrar el brazo derecho para estudiar la estructura muscular. Conservó el brazo con pintura de plomo y, desde entonces, el brazo momificado se exhibe en varios pubs de Irlanda. En el momento de escribir este párrafo, el brazo está expuesto en el museo de la GAA en Croke Park, Dublín.

La tradición pugilística nunca se extinguió en Irlanda. Todavía sobrevive en la comunidad itinerante del país. La Comunidad Itinerante es un grupo social nómada que tradicionalmente vivía en carros tirados por caballos a lo largo de las carreteras de Irlanda y que hoy en día sustituye los carros por la caravana más moderna, pero sigue manteniendo firmemente sus raíces nómadas. Sin embargo, hoy en día muchos se han asentado debido a la expansión urbana de Irlanda. Los viajeros también son conocidos por nombres como Pikeys, Itinerantes, Tinkers, Gitanos Irlandeses y el despectivo Knacker.

Los nómadas se sienten muy orgullosos de su cultura y herencia del Bare Knuckle Boxing, y por ello tienen una reputación feroz. Los nómadas son conocidos por resolver una disputa con los nudillos en lugar de recurrir a los tribunales o llamar a la policía. Sin duda, muchos nómadas han nacido en la tradición pugilística.

Los medios de comunicación han informado a menudo de una competición titulada "El rey de los nómadas" (a la que también se refieren otros títulos) que tiene lugar en secreto en un lugar no revelado, normalmente en alguna zona aislada de la campiña irlandesa. Se dice que es un concurso de una docena o más de hombres que lucharán por el derecho a llamarse "Rey". Los habitantes de la isla no son bienvenidos a presenciar o participar en el combate, ya que es estrictamente para los viajeros. Los periódicos y los medios de comunicación describen las peleas como algo espantoso. Muestran los rostros transformados en un amasijo de sangre púrpura con los ojos hinchados y cerrados mientras luchan una pelea tras otra con la esperanza de ser coronados rey.

La frase "Rey de los Viajeros" suele asociarse más con el mejor luchador reconocido en este deporte. El boxeo a puño limpio entre los viajeros se utiliza más comúnmente hoy en día como una forma de ventilar la tensión entre familias enemistadas. La organización de un combate entre dos hombres evita una guerra total. En un combate típico de Bare Knuckle Boxing, cada luchador elige a un hombre de una familia viajera neutral para que actúe como árbitro o para que mantenga el "juego limpio", como se conoce. Los familiares de los púgiles no pueden asistir para evitar que estalle una guerra de bandas. Cuando el combate comienza, no termina hasta que un hombre es noqueado o dice que es suficiente

En estas batallas la sangre forma parte del juego. El título se gana con sangre, mocos, sudor y sangre. A veces hay reglas: no se puede morder, no se puede golpear, no se pueden dar patadas y no se puede golpear a un hombre cuando está en el suelo, pero a menudo no las hay. No hay anillos ni asaltos, así que estas peleas pueden ir a cualquier parte. Y cuando ha habido asaltos, se sabe que han llegado a ser más de 50. Y cuando son ilegales, los mordiscos y los cabezazos siguen siendo frecuentes. Incluso se han registrado casos de mordiscos en los pezones y las orejas durante una pelea. Los viajeros tienen la reputación de seguir avanzando sin importar lo que les golpeen y esto es evidente en los vídeos de las peleas a puño limpio que han salido a la luz. Son una raza dura que no se detendrá hasta que no pueda continuar.

Se ha dicho que hay que vivirlo para entender la violencia que implica. Durante años, la gente hablaba y se preguntaba sobre las peleas imaginando cómo eran, pero debido al secretismo de los Viajeros seguía siendo un misterio. Pero algunos descubrieron que se podía ganar dinero vendiendo cintas y DVD de las competiciones, y no sólo de los viajeros. Ahora se pueden comprar en Internet y en el mercado negro y muchos combates han aparecido en Youtube.

El boxeador itinerante más famoso es posiblemente el poderoso "Bartley Gorman" debido a su autobiografía King of the Gypsies. Aunque nació en Inglaterra, en el fondo era verdaderamente irlandés y procedía de una larga línea de viajeros irlandeses de raza luchadora. Se convirtió en una leyenda en la comunidad itinerante y en los bajos fondos de Inglaterra, e incluso conoció a Muhammad Ali y se enfrentó a él. Reinó como Rey de los Viajeros durante veinte años venciendo a cualquiera que se le pusiera por delante en competiciones ilegales celebradas en hipódromos, almacenes, campings y aparcamientos.

Una anécdota interesante de Gorman es la de una vez que dos irlandeses le despertaron hablando de conseguir a su amigo Liam, también un gran boxeador, un combate de premio en Boston, pero no pudieron organizarlo porque habían sido deportados de Estados Unidos. Dijeron: "¿Por qué ir a Estados Unidos cuando puedes tener una pelea aquí?". Bartley sabía lo que se traían entre manos y no tenía intención de pelear con Liam, era un amigo. "No tienes el dinero para que él pelee conmigo" dijo Bartley. Esto era cierto, pero el propio Liam era un viajero, por lo que podía desafiar a Bartley sin dinero, así que dijo: "Pelearé contigo por nada, siempre que sigamos siendo amigos después". Así que se arrancaron las camisas y lucharon allí mismo, en el suelo del pub. Bartley se lo echó al hombro hacia la puerta y le lanzó un poderoso derechazo de martillo de toro. Liam se agachó y el puñetazo de Bartley golpeó el marco de la puerta. Los ladrillos de la pared cedieron y se derrumbaron enviando ladrillos y polvo por todas partes. En ese momento, Liam abandonó el combate. Bartley dijo después que se trataba de una pared en mal estado. Pero el poderoso hombre probablemente estaba siendo modesto. Murió tras una corta pero heroica batalla contra el cáncer en un hospicio de Derby el viernes 18 de enero de 2002 y fue enterrado en su ciudad natal adoptiva de Uttoxeter, Inglaterra. Tenía cincuenta y siete años.

Sin duda, los irlandeses han hecho una gran mella en la historia del pugilismo. Pero fuera del Bare Knuckle Boxing también han tenido un gran impacto. En el boxeo profesional, Irlanda ha tenido muchos campeones a lo largo de los años. También la diáspora irlandesa ha tenido su impacto con grandes irlandeses-americanos como "Micky Ward" o de una época anterior "Jack Dempsy". Uno de los campeones irlandeses más recientes fue Steve Collins, de Dublín, apodado el "Guerrero Celta", que ganó y defendió con éxito su título siete veces durante la edad de oro del boxeo europeo de peso supermedio, en una época en la que había grandes figuras como Chris Eubank y Nigel Benn.

Figura 1: La postura

Un ejemplo de la postura estándar del pugilista es el duende del logotipo de Notre Dame. El Pugilista se coloca con los pies separados aproximadamente dos pies. El pie izquierdo se coloca hacia delante apuntando con los dedos hacia el oponente mientras que el pie derecho se deja atrás en ángulo recto. Las rodillas se doblan ligeramente y su peso debe distribuirse uniformemente en ambas piernas. El cuerpo debe mantenerse erguido, el cuello hundido y la cabeza hacia atrás. Los codos deben estar metidos para proteger las costillas, y los puños deben estar levantados a la altura de la barbilla, manteniendo el izquierdo ligeramente más alto que el derecho. Los puños deben mantenerse lo suficientemente separados para que puedan moverse libremente uno al lado del otro, pero no más allá. El puño se cierra con la mano y se coloca el pulgar sobre la articulación del primer dedo. El puño no debe cerrarse firmemente hasta que se utilice.

Cuando un pugilista no utilizaba las manos, solía mover los brazos de un lado a otro, de esta manera podía sorprender a su oponente y un puño en movimiento es más fácil de lanzar. Sin embargo, en otras variantes las manos podían mantenerse en cualquier lugar, incluso a los lados del boxeador, lo que hoy en día parecería completamente antinatural.

Figura 2: El Jab & Cross

Aquí vemos el jab izquierdo y el cross derecho. Obsérvese que ambos golpes se lanzan directamente con la palma de la mano hacia arriba. En la época en que los pugilistas reinaban, estas eran técnicas de vanguardia. Para hacer estas técnicas dé un paso hacia adelante con el pie izquierdo y lance su peso hacia adelante empujando la punta del pie derecho, usando esta palanca extienda su brazo izquierdo directamente hacia afuera y luego vuelva a la posición de guardia, repita con su brazo derecho. El arco del pie derecho se dobla hacia arriba para cada golpe, pero aún más para el cruzado derecho. Cuando una mano da un golpe la otra debe estar frente a la nariz.

Figura 3: La guardia

Para bloquear desde esta posición hay que echar el cuerpo hacia atrás mientras se levanta el codo derecho de manera que la punta del codo quede delante de la boca y la nariz, como se ve en la figura 3. La cabeza también se lanza sobre el hombro derecho. Para proteger la parte inferior del cuerpo, utilice el brazo izquierdo para cubrir las costillas y el estómago. La distancia entre las piernas debe permitir que el cuerpo se incline bastante hacia atrás. Esta guardia permite un excelente contraataque en forma de un movimiento de corte hacia abajo con el puño derecho como se ve abajo en la Fig 4

Figura 4: Contraataque y bloqueo

Para bloquear este contraataque debe volver a la guardia de la figura 3. Cuando su oponente viene al ataque lanzando rápidas sucesiones de golpes, la guardia se cambia ligeramente. Para bloquear a un adversario que ataca por el lado derecho, eche la pierna izquierda hacia atrás y extienda el brazo derecho por completo, en lugar de cruzar el cuerpo, con el puño a la altura de la cara y el brazo izquierdo protegiendo el cuerpo.

Figura 5: Guardia de ataque a la derecha

Cuando su oponente avanza hacia el lado izquierdo

lance la pierna derecha hacia atrás y extienda el brazo izquierdo usando el derecho para proteger el cuerpo

Figura 6: Guardia de ataque a la izquierda

Figura 7: Golpe en las costillas y bloqueo

Figura 8: Nalga cruzada

LUCHA LIBRE

Coríocht

Se dice que la lucha libre es la forma de arte marcial más antigua del hombre. Ha existido y sigue existiendo en muchas culturas y en muchas formas y puede remontarse a siglos atrás, pero lo que es más o menos desconocido es que el pueblo de Irlanda también tiene una larga historia en las artes de la lucha. La primera mención de la lucha en Irlanda se encuentra en los Juegos de Tailtinn, que se celebraron entre el 632 a.C. y el 1169 d.C. También se puede encontrar un registro de la lucha individual en Kells, donde una talla en la Cruz del Mercado muestra a dos luchadores agarrados como si estuvieran en un combate de lucha. Esta cruz está fechada en el siglo VIII, lo que descarta cualquier influencia de los nórdicos. Se pueden encontrar registros en muchos de los antiguos manuscritos irlandeses, algunos de los cuales se remontan al siglo VI. Por ejemplo, en el encuentro entre CúChulain y su hijo Connla decidieron luchar entre ellos antes de recurrir a un combate mortal en el que Connla murió. El estilo de lucha que utilizaron requería que los luchadores se agarraran el uno al otro con el cinturón en una postura de apertura. Todavía se conservan en Europa diversas variantes de esta lucha con cinturón.

Figura 9: Representación de la talla de la cruz del mercado de Kells

Figura 10: Estilo similar al de la cruz del mercado de Kells

"¡Que así sea!", dijo el muchacho. El chico se lanzó a por él. Intercambiaron golpes. El muchacho, con un golpe bien medido con la espada, le cortó el pelo a Cu Chulainn. "¡La burla ha llegado a su punto máximo!", dijo Cu Chulainn. "¡Ahora luchemos!"

"No puedo alcanzar tu cinturón", dijo el muchacho. Se subió a dos piedras y empujó a Cu Chulainn tres veces entre dos pilares, mientras el muchacho no movía ninguno de sus pies de las piedras hasta que sus pies se hundieron en las piedras hasta los tobillos. La huella de sus pies sigue ahí. De ahí la Paja de la Pista (Tracht Eisi) en el Ulster.

Entonces se metieron en el mar para ahogarse el uno al otro, y dos veces el muchacho lo esquivó. Entonces Cu Chulainn se dirigió hacia el muchacho desde el agua y le jugó una mala pasada con la gae bulga, ya que Scathach no había enseñado nunca el uso de esa arma más que a Cu Chulainn. Se la envió al muchacho a través del agua, de modo que sus entrañas cayeron a sus pies".

Figura 11: Estilo de sujeción del cinturón

Otra referencia a la lucha en la mitología irlandesa es que se dice que Art MacConn, el padre de Cormac, luchó contra un gigante, así como Diarmuid, de fama fenicia. El mismo Diarmuid luchó con el campeón Dubhchosach. Estos dos guerreros optaron por luchar con las manos desnudas a pesar de que ambos estaban fuertemente armados.

"Se levantó de nuevo con la primera luz del día y volvió a la colina, y cuando llegó allí dio un gran golpe con su escudo que hizo temblar la orilla con el sonido. Y Dubhchosach lo oyó, y dijo que él mismo iría a luchar con Diarmuid, y se fue a la orilla allí mismo.

Y él y Diarmuid se quitaron las armas de encima y se abalanzaron el uno sobre el otro como luchadores, tensando los brazos y los tendones, anudando las manos en la espalda del otro, luchando como toros enloquecidos, o como dos atrevidos halcones al borde de un acantilado. Pero al final Diarmuid levantó a Dubh-chosach sobre su hombro y arrojó su cuerpo al suelo, y lo ató fuerte y firmemente en el lugar. Y Fionn-chosach y Treun-chosach vinieron uno tras otro a luchar con él entonces, y les puso la misma atadura; y dijo que les arrancaría las cabezas, sólo que pensó que era un castigo peor dejarlos en esas ataduras. "Porque no hay quien os libere", dijo. Y los dejó allí, agotados y apenados".

Oisín, el hijo de Fionn MacChumal, y un campeón extranjero también optaron por dejar las armas en el combate y luchar en su lugar.

""Seca tus ojos" le dijo Oisín. "Desafiaré al gigante. No le tengo miedo. O lo mato o lucho hasta que me mate". En ese momento. Fomor entró en el castillo, y cuando vio a Oisin, con un rugido fuerte y furioso lo desafió a luchar. Durante tres días y tres noches lucharon. Poderoso y feroz como era Fomor, al final Oisín lo venció y le cortó la cabeza."

CUELLO Y CODO

La lucha de cuello y codo es un estilo de lucha popular originario de Irlanda que tiene similitudes con la "lucha de Cornualles", la lucha bretona "Gouren" y el judo. Se trata de un deporte organizado desde el año 1600, aunque se cree que sus vínculos se remontan a los Juegos de Tailtinn. Cada competidor comenzaba en una posición fija con la mano derecha en el cuello del oponente y la mano izquierda apoyada en el codo derecho del oponente.

Por lo general, era una posición neutral, pero se podía obtener más control si se empujaba la mano del codo hacia el interior de los brazos del oponente y se sujetaba el bíceps. Era más fácil golpear o hacer derribos desde esta posición. Esta postura obligaba a los luchadores a utilizar la técnica en lugar de apurar a su oponente.

El hombre más pequeño tendía a dominar en este estilo, la velocidad y la técnica eran más eficaces que la fuerza y el tamaño. A menudo se practicaba sin camiseta, por lo que el cuello sólo se refiere a las zonas agarradas en la competición, pero a veces se llevaban chaquetas ajustadas con costuras dobles. El calzado estaba prohibido en las competiciones debido a las técnicas de patadas y zancadillas empleadas. Los luchadores que practicaban este estilo se autodenominaban "Scufflers".

El comienzo del encuentro era a menudo una prueba de estrategia y equilibrio. Los jugadores trataban de rodearse mutuamente en el sentido de las agujas del reloj mientras se utilizaban una serie de movimientos desequilibrantes que incluían patadas y zancadillas. Esta fase del combate podía durar mucho tiempo; hay relatos en los que la parte del combate en pie había durado más de una hora. Sin embargo, era inevitable que se produjera un derribo. Una yegua voladora o una yegua rápida era un derribo común. Una yegua era un lanzamiento en el que los pies del oponente lanzado terminaban más altos que su cabeza. La lucha en el suelo comenzaba después de que uno o ambos luchadores cayeran al suelo. A continuación se empleaban las medias espinas y varias vides y otras técnicas de control en el suelo.

Sólo se ganaba un combate cuando los cuatro puntos del cuerpo quedaban inmovilizados en el suelo durante la cuenta de cinco. Los cuatro puntos eran los hombros y los puntos de las caderas. No era una victoria fácil de ejecutar contra un oponente hábil. El ganador sería el primero en ganar dos de tres caídas.

Figura 12: Sujeción del cuello y del codo

Técnicas comunes utilizadas durante la época.

Figura 13: El talón trasero

El Talón Trasero se ejecuta lanzando uno de los talones detrás del talón del oponente barriendo el talón del competidor hacia delante mientras lanzas tu peso sobre él de una sola vez. Esto debería obligarle a caer hacia atrás contigo encima. A veces pueden ser necesarios varios intentos antes de derribarlo, lo que se denomina "perseguir el talón".

Figura 14: El Hipe

El Hipe es un movimiento difícil de ejecutar. Se debe levantar al oponente del suelo de forma explosiva golpeándolo en la parte interior del muslo con la rodilla izquierda y luego lanzándolo con la cadera girando tanto tú como él hacia la derecha. El oponente debe ser lanzado fuera de balance cayendo hacia la derecha contigo aterrizando en la parte superior.

Figura 15: Nalga cruzada

Para la nalga cruzada, primero hay que sujetar al oponente. Es más fácil en un agarre flojo que en un agarre cerrado, pero cualquiera de los dos sirve. El cuerpo debe girarse para que las caderas queden por debajo del antagonista. Ponga su cadera izquierda bajo el vientre del oponente y tire de él con fuerza con sus brazos para mantenerlo en su nalga, luego gírelo de repente para que sea lanzado del suelo y mientras ambos giran y caen con el impulso debe terminar encima.

Figura 16: El cierre

El cierre se realiza primero agarrando al oponente. A continuación, deslice su pierna izquierda entre su oponente y gírela alrededor de su pierna derecha empujándola hacia fuera y luego hacia delante para que se agarre a la pierna con la punta del pie llegando lo más lejos posible a la parte delantera de su espinilla bloqueando la pierna, no se incline demasiado hacia delante o el oponente le impedirá levantarse de nuevo o le lanzará hacia delante rompiendo el bloqueo.

CORAÍOCHT

Muchas fuentes en Internet se refieren a un estilo de lucha irlandesa que recibe el nombre de "Coraíocht", que también es la palabra irlandesa para designar la lucha, al igual que "Imairscáil". Se dice que el Coraíocht es un estilo de lucha de espalda que se practicaba en las zonas occidentales de Irlanda, Connemara, Galway y Donegal. Según la tradición, al principio del combate el árbitro gritaba "Lámh an iochdair, lámh an uachdar" (una mano arriba, una mano abajo).

Los luchadores se agarraban por la cintura en la espalda y colocaban la mano derecha bajo el brazo izquierdo del oponente y la barbilla apoyada en el hombro derecho opuesto, y cuando ambos se agarraban con fuerza comenzaba el combate. Si el agarre se rompía o el luchador tocaba el suelo con algo que no fueran los pies, perdía. No se incluía la lucha en el suelo, los combates solían ganarse por el mayor número de victorias de un determinado número de combates.

Este estilo es muy viable. En Escocia existe un estilo conocido como Scottish Back Hold y debido a los lazos culturales entre los irlandeses y los escoceses sería plausible decir que ambos estilos serían muy similares.

Figura 17: Lucha estilo Back Hold

Entre los luchadores irlandeses famosos de los tiempos modernos se encuentran Danno O'Mahony, de Cork (antiguo campeón del mundo), Steve Casey, de Kerry (antiguo campeón del mundo) y Con O'Kelly, que compitió por Gran Bretaña en los Juegos Olímpicos de 1908.

Danno O'Mahony nació en Cork el 29 de septiembre de 1912. Mientras servía en el ejército irlandés en 1933, se distinguió como atleta al establecer récords de lanzamiento de martillo y de peso de 56 libras, que no fueron superados hasta la década de 1990. También practicó el boxeo y la lucha, y era conocido por su lucha de pie y sus lanzamientos.

Un promotor de Boston llamado Paul Bowser lo trajo a Estados Unidos en 1934 y aquí comenzó su carrera de luchador. Su primer combate en Estados Unidos fue contra Ernie Dusek. Este combate se convirtió en una pelea contra Ernie y su hermano Rudy. Pero para el deleite de la multitud, O'Mahony derribó a ambos hombres junto con el árbitro.

El 27 de junio de 1935, después de 49 victorias consecutivas, O'Mahony ganó el Campeonato Mundial de Peso Pesado de la Comisión Atlética del Estado de Nueva York, reconocido por la Asociación Nacional de Lucha Libre, a Jim Londos, que había permanecido invicto durante seis años. Londos fue citado diciendo:

> *"Sabía después de los primeros cinco minutos que tendría que tener suerte para ganar. El chico está verde, pero con su fuerza, creo que puede ganar a cualquier hombre del mundo. Y cuando acepté el combate, los neoyorquinos me dijeron que no tenía nada que temer. Ojalá lo hubiera sabido antes de firmar... y este combate nunca se hubiera celebrado".*

A continuación, ganó el Campeonato Mundial de Peso Pesado de la Asociación de Lucha Libre de Ed Don George el 30 de julio de 1935 en el Braves Field de Boston. La victoria unificó los tres títulos principales de la época. Murió en un accidente de tráfico el 2 de noviembre de 1950 a la edad de 38 años. Se le atribuye la invención de la técnica del "Látigo Irlandés", su movimiento característico, y la organización de lucha profesional "Látigo Irlandés" recibió su nombre en su honor.

La lucha libre ha desaparecido de Irlanda en las últimas décadas. Pero ahora está resurgiendo. Se están abriendo clubes por todo el país que enseñan la lucha por sumisión y la lucha en el suelo. En 1993, un grupo llamado Coiste Coraicht Ceilteach inició un movimiento de resurgimiento de este deporte y espera que Cumann Lúthchleas Gael (Asociación Atlética Gaélica) lo reconozca de nuevo como deporte nacional.

Hoy en día, con la popularidad de las MMA (Artes Marciales Mixtas), es esencial tener la lucha libre en su repertorio para avanzar en el arte. Muchos espectadores se sorprendieron al ver a los luchadores ganando a los kick boxers y a otros expertos en golpes en los combates de MMA porque tenían la ilusión de que la lucha libre era un estilo de combate ineficaz y no un arte marcial en absoluto. Pero estaban equivocados y gracias a ello los irlandeses vuelven a participar en combates de lucha libre, sólo que la mayoría desconoce su historia en su cultura.

Los estilos de lucha irlandesa fueron llevados a los EE.UU. por la inmensa afluencia de emigrantes irlandeses durante los horribles días de los duros terratenientes cuando fueron forzados a abandonar sus hogares y sus tierras y, en particular, durante la época de la hambruna irlandesa, An Gorta Mór 1845-1849. A lo largo de los años, la lucha libre ha evolucionado mucho, ya que todos los estilos se han mezclado entre las diferentes culturas. Pero aún así, de vez en cuando se puede ver a los luchadores profesionales de la WWE atados en la postura del cuello y el codo.

LUCHA CON PALOS
Bataireacht

"Bataireacht", "Shillelagh fighting" y "Bataireachda" eran términos que se utilizaban para referirse a la "lucha irlandesa con palos" (Bata es la palabra irlandesa para palo). La lucha con palos irlandesa es el arte marcial autóctono más importante de Irlanda y se ha practicado en todo el país durante siglos, integrándose profundamente en la cultura irlandesa y en sus generaciones pasadas. Muchas familias se enorgullecen de su herencia marcial y varios apellidos están incluso asociados al Shillelagh. En un momento dado, casi todos los niños estaban entrenados para defenderse con un palo de Shillelagh. El arte se transmitía tradicionalmente de padres a hijos, por lo que los diferentes estilos de lucha con bastón solían estar asociados a una familia o a un clan.

El término Bataireacht puede cubrir varios sistemas diferentes de lucha con palos, pero el sistema más popular de todos era el uso de un solo Shillelagh. (El Shillelagh es la bata con forma de palo que se discutió brevemente en el primer capítulo). Como ya se ha dicho, los diferentes estilos de lucha procedían de las distintas familias y tribus que desarrollaban su propia forma de combate con palos mediante un estricto entrenamiento. Una familia podía usar un Shillelagh mientras que la otra familia un Garrote, una podía usar un palo, mientras que la otra podía usar dos. Todo dependía del luchador y de sus antecedentes. Con un estilo de lucha de dos palos, el segundo palo se utilizaba generalmente como escudo para bloquear los golpes del adversario, pero este palo también podía utilizarse para golpear. A lo largo de la historia también se utilizaron palos más largos, como el báculo, e incluso la pica fue un arma muy utilizada en Irlanda en tiempos de rebelión. Así que, para ser contundentes, las armas de madera han prevalecido en la isla de Irlanda y se han utilizado en combate con bastante éxito, al parecer, y durante tanto tiempo como todas las demás formas de armas.

Como arte en sí, la lucha con palos irlandesa era un sistema de combate simplista y directo. Un niño era entrenado para usar la Bata de tal manera que lo preparaba para el combate en el menor tiempo posible, lo que contrasta con la mayoría de las artes marciales asiáticas en las que uno debe pasar muchos años dominando el arte. En el caso del palo irlandés, el luchador solía ser lanzado al combate a una edad temprana, por lo que había que entrenarse para ser un luchador eficaz rápidamente. No era sólo una cuestión de honor, sino de supervivencia. Muchas de las técnicas desarrolladas tenían como objetivo inutilizar, si no matar, al oponente, técnicas como el "golpe mortal", un golpe en el cráneo que recibió su nombre por la frecuencia con la que resultaba mortal.

La lucha irlandesa con palos alcanzó su punto álgido durante las guerras de facciones de los siglos XVIII y XIX, y a menudo se piensa que sus orígenes comenzaron durante esta época. Esto no es correcto, ya que el Blackthorn Shillelagh se ha utilizado como arma en Irlanda desde tiempos prehistóricos. De hecho, el término "Shillelagh" fue el nombre común para cualquier palo de Blackthorn de cualquier forma o tamaño durante siglos. Sólo en años posteriores el palo estilo bata se convirtió en sinónimo del nombre Shillelagh, sin embargo podría ser cierto decir que fue en la última época de las Facciones cuando el Shillelagh llegó a su pico de popularidad.

Según un fabricante de palos, Liam Kealy (Liam O'Caidhla) y otros nativos del pueblo de Shillelagh, antes incluso de que los celtas vagaran por la Isla esmeralda, había otro pueblo ocupando Irlanda. Sobrevivieron a las invasiones de celtas, vikingos, normandos y daneses. Era un pueblo pequeño que se vio obligado a refugiarse en los densos bosques que antaño cubrían la tierra de sus rivales más grandes, hasta que finalmente fueron derrotados durante el siglo XVIII. Su último bastión conocido fue el bosque de Shillelagh, en el condado de Wicklow.

Estos guerreros del palo eran famosos por sus habilidades marciales y su ferocidad con el palo de espino negro y su nombre tribal se convirtió en sinónimo del palo Shillelagh. La posterior dispersión de este pueblo después de su derrota por toda Irlanda y más tarde en los barcos de la hambruna trajo la temible arma de sus antepasados a la gran diáspora irlandesa.

El nombre Shillelagh procede del cacique del Clann "Ealach Mac Faelchon". Ealach se resistió a las influencias de los celtas y de los clanes que se habían vuelto demasiado celtas durante el siglo VII. Posteriormente creó un grupo de seguidores que se conoció como "Síol Éalaigh", que significa la "semilla" o "descendencia" de Ealach. Esta historia queda patente en el topónimo Shillelagh. Como todos los topónimos de Irlanda, Shillelagh es una versión anglicista del nombre original debido al imperialismo británico que sufrió la isla. El nombre gaélico de esta región era (y sigue siendo) Síol Éalaigh. El método para nombrar los lugares irlandeses consistía en darles el nombre del terreno, de las estructuras de la región y de la gente que vivía allí, por ejemplo, cuando se ve "Down" en un nombre de lugar irlandés, como Downpatrick en el condado de Down o incluso el propio condado de Down., se trata de un anglicismo de "Dún", que significa fortaleza, por lo que el nombre del lugar se debe a una fortaleza que se encontraba allí en algún momento del pasado. Si el nombre de un lugar tiene "Kill", como Killarney, en el condado de Kerry o Kilkenny, es un anglicismo de "Chill", que significa iglesia, por lo que el nombre del lugar se debe a una iglesia situada en la zona. También hay lugares como Ligoneil, en el norte de Belfast, en el condado de Antrim, que es el anglicismo de "Lag Uí Néill", que significa "Hallow de Ó'Néill". Se llamó así por el clan Ó'Néill, que habitaba allí, al igual que Shillelagh se habría llamado así por el clan Síol Éalaigh.

Algunos creen que nombres como Kelly, Kealy, Kiely, Kelleher, Callaghan y sus variaciones deben su origen a Ealach. Por ejemplo, O'Callaghan en irlandés es Ó'Ceallacháin, Ó'C-'eallach'-áin o Kelleher que en irlandés es Ó'Ceileachair, Ó'C-eileach-air .

Los Síol Éalaigh fueron también los guerrilleros originales de Irlanda, ya que utilizaron el terreno como arma contra sus enemigos, fuertemente armados, a los que les resultaba difícil atravesar los espesos matorrales de las tierras fuertemente boscosas de Irlanda, y cuando atacaban, los Síol Éalaigh solían utilizar tácticas de emboscada como principal forma de ofensiva. La capacidad de los Síol Éalaigh para desaparecer en los densos bosques les otorgó un estatus mítico y adquirieron el apodo de "duendes" por parte de los normandos. También tenían fama de ser excelentes zapateros y alfareros, por lo que la gente dejaba sus cacharros y zapatos rotos junto a la puerta para que los remendaran. ¿Quizás fue con este antiguo pueblo que comenzó la leyenda del Leprechaun?

LA FABRICACIÓN DE LA BATA

Hacer la bata puede ser un proceso largo y arduo. Primero hay que encontrar un arbusto adecuado. El espino negro o endrino (Prunus Spionosa) es la opción más común para la mayoría, ya que es abundante en Irlanda. Pero no todos los arbustos de Blackthorn van a producir un espécimen de primera calidad para la fabricación. La clave es encontrar uno con un tronco adecuado y una buena raíz. La raíz es de gran importancia ya que es esta zona la que crea el pomo en la parte superior que hace que el arma sea tan mortal. A menudo se perforaba el pomo y se rellenaba con plomo fundido para darle una mayor potencia de golpeo. Esto se conocía como un palo cargado y podía fácilmente romper el cráneo de un hombre con poco más que un golpe moderado.

El roble, el fresno, el acebo e incluso el manzano también se utilizaban, pero debido a su relación entre peso y resistencia, el espino negro era, y sigue siendo, la opción más popular entre los fabricantes de palos y también entre los combatientes. El espino negro se puede encontrar en las zanjas que rodean los campos que conforman la mayor parte del paisaje irlandés, ya que es una barrera natural, ya que lleva púas en sus ramas conocidas por causar una reacción de hinchazón en las heridas, por lo que mantiene alejados a los animales y a los seres humanos.

Los pinchos de Blackthorn pueden dejarse en el Shillelagh y pueden medir más de dos pulgadas de longitud. Esto puede proteger a un luchador de que le arranquen el arma de la mano o se la agarren durante una pelea, ya que el oponente sólo se heriría a sí mismo al agarrar el palo con púas. La corteza suele dejarse en el palo como fuente de protección natural y el pomo se lija para darle un acabado suave y romo. También hay que tener en cuenta el equilibrio, ya que el arma debe ser siempre un instrumento pesado.

Una vez elegido el palo, hay que curarlo. Las chimeneas y los montones de estiércol eran técnicas habituales en Irlanda para curar la madera. El palo obtiene su tinte negro del hollín de la chimenea. Este es el acabado más reconocible y popular del Shillelagh. Después de que el palo pasa su tiempo en la chimenea, a menudo se envuelve en papel y se empapa en aceite o mantequilla y luego se coloca dentro de un montón de estiércol. Esto se hacía para crear flexibilidad y poder darle forma. Debido al calor natural que crea un montón de estiércol, aproximadamente 98 grados centígrados, era la elección perfecta. Una vez curado, se cubre con una capa de barniz para protegerlo del húmedo clima irlandés. William Carlton da cuenta de este proceso en su "Traits and stories of the Irish peasantry", donde se utiliza un estercolero de caballo. También menciona la carga del arma con plomo fundido.

"Nuestro plan para prepararlas era el siguiente: íbamos a cualquier lugar en el que hubiera un sotobosque de espino negro o roble y, tras examinar el lugar con el ojo de un experto,

seleccionábamos el trozo de raíz más recto que pudiéramos encontrar, ya que si no tenía raíz no considerábamos que valiera la pena cortarlo, sabiendo por experiencia que una rama, por muy recta y bonita que pareciera, se rompería en la torsión y el golpe de la guerra. Una vez cortada lo más cerca posible de la raíz, cortamos las ramas y la pusimos en la chimenea para curarla. Una vez curado, lo bajábamos y lo poníamos en un estercolero para caballos, haciéndole una visita diaria con el fin de enderezarlo doblando las curvas o ángulos a través de la rodilla, en dirección contraria a su tendencia natural. Después de haber repetido esto diariamente hasta que lo hubiéramos enderezado, y de haber renovado el papel de envolver aceitado hasta que el bastón estuviera perfectamente saturado, entonces lo frotábamos bien con un paño de lana que contenía un poco de plomo negro y grasa, para darle un pulido. Este era el último proceso; excepto si pensábamos que era demasiado ligero en la parte superior, solíamos perforar un agujero en el extremo inferior con un husillo de hierro al rojo vivo, en el que vertíamos plomo fundido, con el fin de darle el peso de derribo."

Se utilizaban y se siguen utilizando muchas variantes de batas que van desde palos de nueve a seis pies de largo y garrotes de uno a dos pies. El nombre de la bata podía determinarse por su tamaño y forma. Por ejemplo, una bata corta con un pomo grande se denominaría garrote y una bata más larga con un pomo pequeño se denominaría shillelagh. El garrote solía tener un agujero en la base del palo para poder introducir un lazo de cuerda y envolverlo alrededor de la muñeca del luchador. De esta manera, aunque el luchador perdiera el agarre, no perdería su arma. En el libro de William Carlton "Traits and stories of the Irish peasantry" da una descripción explícita de las preferencias del luchador por el garrote.

"Creo que puedo aprovechar esta oportunidad para decir que los verdaderos garrotes irlandeses deben ser de raíz, ya sea de roble, de espino negro o de cangrejo, aunque el cangrejo suele volar. No deben ser demasiado largos: tres pies y unos pocos centímetros es una longitud adecuada. Deben ser naturalmente pesados en la parte superior, y tener alrededor del extremo para hacer contacto con el cráneo tres o cuatro bultos naturales, calculados para dividir la carne de la manera más desagradable, y para dejar, si es posible, el menor sabor de vida de la fosa en el cráneo. Pero si una buena raíz que crece kippeen es ligera en el extremo de la lucha, o no posee el número adecuado de nudos, un agujero, unas pocas pulgadas de profundidad, o no posee el número adecuado, debe ser llenado con plomo fundido. Esto le da una cualidad de ventana y o phand-making, un toque de despojo de los niños, en conjunto muy deseable. Sin embargo, si la parte superior se rompe en la perforación -lo cual, en manos torpes, no es infrecuente-, el defecto puede remediarse colocando una virola de hierro y clavando dos o tres clavos fuertes en ella, simplemente para evitar que salga volando".

Los shillelaghs y los garrotes han aparecido de vez en cuando en la gran pantalla, a veces de forma sutil y otras no. En el largometraje de Jim Sheridan de 1990 "The Field", el "Toro" MacCabe golpea al "Yank" en la mandíbula con un Shillelagh después de una pelea entre el Yank y el hijo de MacCabe, pero era sólo el comienzo de otra pelea que finalmente llevaría al Yank a la muerte. En la película de Carol Reed "Oliver", ganadora de un Oscar en 1968, el malvado Bill Sikes lleva su Shillelagh en todo momento para protegerse en las callejuelas de Londres, sembrando el miedo en todos los que lo ven y luego lo utiliza para golpear a su novia Nancy (probablemente hasta la muerte).

Y, por supuesto, en Gangs of New York, el personaje de Brendan Gleeson, Walter "Monk" McGinn, empuña un poderoso garrote. Al principio de la Batalla de los Cinco Puntos, el "Sacerdote" Vallon le pregunta si está con ellos. Monk responde que "si el precio es correcto, lo estoy". Le ofrecen diez por cada muesca, es decir, por cada hombre que mate. La tradición de los luchadores irlandeses con palo era tallar una muesca en su bastón por cada pelea que terminaba en muerte. Así, cuantas más muescas tuviera un bastón, indicaría que el hombre era alguien de quien había que cuidarse. Vemos a Bill "El Carnicero" tallar una muesca en el propio garrote de Monk diciendo "este eres tú" justo antes de asestarle un poderoso golpe en la cabeza. Las muescas eran una fuente de gran orgullo también. Esto es evidente en la película cuando Monk es elegido sheriff. Amsterdam dice: "Ha matado a cuarenta hombres", a lo que Tweed responde: "Debería haber sido alcalde".

TIPOS DE PALOS

Figura 18: El Shillelagh o "Sáil Éile

Figura 19: El garrote o 'Smíste'

Al igual que las películas, los Shillelaghs han aparecido en muchas canciones tradicionales irlandesas como "The Rocky Road to Dublin"

En el alegre mes de mayo, de mi casa partí,
Dejé a las chicas de Tuam, con el corazón casi roto,
Saludé a mi querido padre, Besé a mi querida madre,
Bebí una pinta de cerveza, Mi pena y mis lágrimas para sofocar,
Luego salí a cosechar el maíz, y dejé el lugar donde nací,
Corté un espino negro robusto, para desterrar
al fantasma y al duende,
Con un par de zapatos nuevos, me moví por los pantanos,
Y asusté a todos los perros, En el camino rocoso a Dublín.

(Luego, en un último verso, después de una discusión con algunos lugareños de Liverpool surge).

Los chicos de Liverpool, cuando desembarcamos a salvo,
Me llamé a mí mismo tonto; Ya no podía soportarlo;
La sangre comenzó a hervir, El temperamento estaba perdiendo,

La pobre isla de Erin comenzó a abusar,
"Hurra mi alma", sez I, Mi Shillelagh dejé volar;
Algunos chicos de Galway estaban cerca, y vieron que yo cojeaba,
Entonces, con un fuerte hurra, se unieron a la pelea.
Rápidamente despejamos el camino, Para el rocoso camino a Dublín.

Otra canción "Johnny I hardly knew ye"

Mientras vamos por el camino hacia el dulce Athy, hurroo, hurroo
Mientras vas por el camino hacia el dulce Athy, hurroo, hurroo
Mientras voy por el camino hacia el dulce Athy
Un palo en mi mano y una gota en mi ojo
Oí llorar a una damisela triste,
Johnny, apenas te conocía.

Y en Pat Whites *"It's the same old Shillelagh"* letras como:

Si hay una pelea, estaré bien,
Los dejaré fríos, ya ves;
Porque tengo el viejo Shillelagh
que me dio mi padre.

Coro:

Seguro con el mismo viejo Shillelagh,
Mi padre podría lamer a una docena de hombres
Tan rápido como se levantan a gorry,
Los derribaría de nuevo

AN CAMÁN (El Hurl)

El antiguo deporte del hurling se utilizaba para practicar y per-

feccionar en el arte de la guerra desde los guerreros de la Fianna hasta la Hermandad Feniana. La tradición tribal del hurling aún sobrevive hoy en día mientras la pasión se desata entre los condados de Irlanda. El "Camán" se conoce comúnmente como "Hurley" en Munster o como "Hurl" en el resto de la isla.

El antiguo Hurl era un palo largo y estrecho con una curva pronunciada y un tacón pesado. La curva afilada y el tacón grueso eran para facilitar el golpeo de la pelota en el césped, ya que el juego era antes un deporte predominantemente de tierra. Sin embargo, el juego se convirtió en aéreo y el palo se adaptó. El palo se aplanó y la base se hizo más ancha para que fuera más adecuado para la carrera en solitario y el control aéreo. El diseño y la fabricación del Hurl original era muy similar al del Shillelagh y la curva era la curva natural de la raíz donde en un Shillelagh se encuentra el pomo. Al ver esto, vemos que es muy posible que exista una conexión entre el Hurling y la lucha con el Shillelagh. Sin embargo, un hurl ha sido tradicionalmente hecho de fresno y no de espino negro.

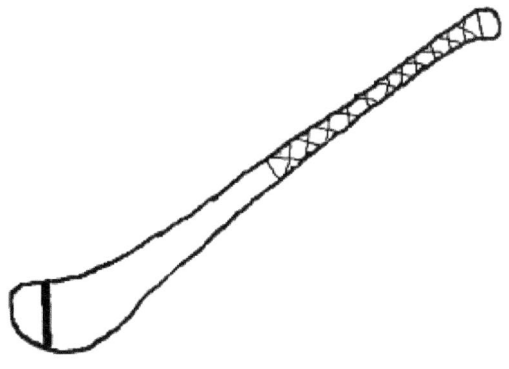

Figura 20: Ejemplo de un palo Hurley moderno

Los cuentos de Cú Chulain, o Setanta, como se le conocía de niño, dan a conocer el camán o la lanza como arma. En un cuento en particular, Setanta se enfrenta a un poderoso sabueso y utiliza su camán y su sliotar (una bola del tamaño de una pelota de tenis hecha de corcho y dos trozos de cuero cosidos) para luchar contra el poderoso canino.

Cuando Setanta tenía sólo siete años, se enteró de que los hijos del Rey estaban jugando al hurling en un lugar llamado Emain Macha, así que viajó al prado donde vio a "tres cincuenta hijos del Rey" (como se decía) lanzando hurl y aprendiendo en las hazañas de la guerra. Se metió entre ellos y condujo la pelota a pesar de ellos hasta enviarla más allá de la portería. Esto no sentó bien a los otros jugadores y se enfurecieron por sus acciones.

El hijo del rey Conchubar, Follaman, rugió contra Setanta con una ira terrible, afirmando que no tenía derecho a estar allí ni a jugar, y en ese momento todos los chicos atacaron a Setanta lanzándole lanzas, pelotas y dardos (un arma grande parecida a una flecha), pero Setanta consiguió esquivarlos todos. Setanta entonces se abalanzó sobre los hijos del Rey tirando a algunos al suelo en el proceso.
Al ver esto, Fergus llevó a Setanta ante Conchubar, que estaba jugando al ajedrez. Le explicaron a Setanta cómo ningún niño puede jugar entre la tropa de niños de Emain a menos que obtenga su permiso y protección. "Me llamo Setanta, hijo de Sualtim y Deichtire", dijo, y en cuanto Conchubar se enteró de que aquel muchacho era hijo de su propia hermana le dio una gran bienvenida. Setanta se alojó en la casa de los Reyes y se dice que todos los jefes del Ulster participaron en su educación.

Otra historia de hurling que aparece en los relatos de Cú Chulain es aquella en la que Setanta obtuvo el nombre de Cú Chulain. Un gran herrero llamado Culain había preparado un festín para Conchubar y su gente. En sus viajes, Conchubar vio a Setanta en acción y dijo: "Todavía servirá al Ulster". Era claramente mejor que el resto de los muchachos en el campo. Conchubar entonces invitó a Setanta a la fiesta de los herreros, pero no pudo ir porque el juego no había terminado todavía, así que en su lugar lo siguió.

Conchubar se olvidó por completo de que Setanta le seguía, así que cuando le preguntaron si asistiría alguien más, dijo que no. El herrero tenía un sabueso feroz que tenía la fuerza de diez hombres y cuando se le quitaba la cadena no dejaba entrar a nadie en el distrito, ya que el sabueso sólo obedecía a Culain.

Cuando Setanta llegó sin darse cuenta de la amenaza, el sabueso se abalanzó sobre él dispuesto a destrozarlo. Pero Setanta lo vio venir y golpeó la bola con tal fuerza que bajó por la garganta de la bestia y atravesó su cuerpo. Luego agarró al poderoso canino por las patas traseras y golpeó al sabueso contra una roca hasta dejarlo muerto.

Conchubar se alegró de ver al niño ileso, pero Culain se disgustó al ver la muerte de su sabueso. Era el protector de todos sus bienes, sus rebaños y manadas. Por ello, Setanta dijo que conseguiría un perro de la misma raza y lo criaría y entrenaría para que fuera tan bueno como el sabueso que acababa de matar y, hasta que el sabueso estuviera listo, Setanta dijo que él mismo sería el perro guardián de Culain y así es como se ganó el nombre de Cú Chulain "El sabueso de Culain", siendo Cú la palabra irlandesa para sabueso.

LUCHA DE FACCIONES

Facseaníocht

Lucha de facciones: un fenómeno único en Irlanda y un problema importante a principios del siglo XIX que consistía en que las bandas rivales se enfrentaban en batallas campales a gran escala. Estas escaramuzas se saldaban con derramamiento de sangre, heridos e incluso muertos. Las bandas, o "Facciones" como se las conocía, utilizaban los terrenos de las ferias, los mercados y los patrones (eventos de carreras de caballos de alto nivel) como sus campos de batalla seleccionados. Dentro del caos, el Shillelagh era la más dominante de todas las armas que se utilizaban, especialmente el garrote. Luchar a tan poca distancia causaba problemas al luchador para conseguir un buen golpe y con tal avalancha de cuerpos rodeando a cada luchador en estos eventos el garrote se volvía más práctico. Así que, aunque uno poseyera una gran habilidad para la lucha, blandir ferozmente largos bastones en una Lucha de Facción sólo serviría para abrir los cráneos de los compañeros mientras se aplastaba a sus enemigos.

Figura 21: Neal Malone aniquilando a Miller - Pris

Durante los siglos XVIII y XIX, la mayor parte de las tierras de Irlanda eran propiedad de terratenientes ausentes y los campesinos arrendatarios que las cuidaban se veían obligados a pagar elevados alquileres anuales. El nivel de vida era atroz, ya que gran parte de la población vivía en cabañas amuralladas de barro con parcelas que apenas permitían mantener a una familia. Por ello, las facciones empezaron a unirse para luchar contra los duros terratenientes durante los períodos de agitación agraria, cuando estallaron las revueltas de los pobres en toda Irlanda. Las revueltas consistían en sociedades secretas ilegales de bandas de campesinos que estaban compuestas predominantemente por Cottiers católicos romanos y pobres rurales. Luchaban contra el cierre a gran escala de las tierras comunes y por cuestiones agrarias como los derechos de los inquilinos.

Las bandas se conocieron con el nombre de "The Whiteboys" a partir de los primeros movimientos de este tipo que comenzaron en Tipperary en 1760. Se ganaron el nombre de The Whiteboys porque llevaban a cabo incursiones al amparo de la oscuridad en las que llevaban disfraces blancos. Las palabras de Micheal Davitt en este extracto de la New Zealand Tablet de 1883 los describen mejor:

"Hacia el año 1760 se formó la primera sociedad secreta agraria, conocida en la historia del terrateniente irlandés como "Los Whiteboys". Su origen es el siguiente: a los terratenientes de Tipperary, bajo la promesa de una reducción de la renta, se les permitió cercar grandes extensiones de tierras comunales en ese condado, en las que los agricultores, desde la época del antiguo sistema de tenencia de clanes, habían tenido derecho a pastar para su ganado. Al negarse los terratenientes a conceder lo estipulado, después de apoderarse de las tierras comunales, los granjeros se unieron con el propósito de derribar las cercas que encerraban el terreno de pastoreo, y por llevar una sábana blanca o una cubierta similar de disfraz, se les conoció como los "Whiteboys".

Vivían de acuerdo con su propio código, un voto de silencio, abstención de beber alcohol, no hacer la pelota a los ricos y no rendirse. Principalmente mostraban hostilidad hacia los recaudadores del diezmo, los terratenientes o los agentes de los terratenientes. Además, participaron en la demolición de las vallas que delimitaban las tierras. Prosperaron durante algún tiempo, pero fueron fuertemente reprimidos en 1765. Este movimiento inspiró a muchos otros grupos que se alzaron en la revuelta agraria en los años siguientes al levantamiento inicial.

Uno de los grupos que siguió a los Whiteboys fue el de los Caravats. Los Caravats son conocidos por ser los más violentos de todos los movimientos de los Whiteboys. Se levantaron en Tipperary debido al auge agrícola creado por la guerra napoleónica. Los pobres de las zonas rurales se veían cada vez más presionados por el aumento del valor de la tierra y la subida de los precios, y con el aumento de la población esto impedía cualquier posibilidad de aumento de los salarios o del empleo.

Exigen que se aumenten los salarios, se reduzcan las rentas, se ponga fin al acaparamiento de tierras y a prácticas inflacionistas como el acaparamiento de alimentos. De no hacerlo, se resistiría con un grado de violencia mayor que cualquier otro movimiento anterior.

Participaron en asaltos con armas y robos de vagones de correo. Enviaron organizadores a condados vecinos como Kilkenny, Waterford, Cork y Limerick para provocar disturbios. A diferencia de los movimientos anteriores, la clase media también se levantó, pero no de forma solidaria. Crearon un grupo de represalia conocido como los Shanavests. Los Shanavest eran una organización anticaravat formada únicamente para luchar contra los caravats y eran tan violentos y tenían tantas ganas de luchar como los "Whiteboys". Las dos facciones enfrentadas comenzaron a luchar y el conflicto se conoció como las guerras de los Caravat y los Shanavest. Los combates tradicionales de las facciones eran rituales y se libraban principalmente con batas, pero las Caravat y Shanavest eran una serie de peleas sin cuartel. El conflicto consistía sobre todo en peleas en ferias y otras reuniones públicas y podían participar desde cientos hasta miles de personas. Se luchaba con los tradicionales garrotes de madera, espadas caseras y, a veces, armas de fuego como escopetas recortadas. A menudo morían personas en las peleas, como se muestra en este extracto de un artículo titulado "Faction Fights" de Thames star en 1879.

" *A North of Ireland Exchange dice: - El relato de una pelea entre facciones en el Assizes del condado de Tipperary se lee casi como un romance de tiempos semibárbaros. El hombre que, según la vieja historia, se dice que pidió al músico que "tocara" la "Batalla del Boyne" sólo para ver si podía soportarla" ha llegado a ser considerado por la mayoría de la gente como poco más que un personaje mítico. Pero sus descendientes deben vivir todavía en Tipperary. La riña que dio lugar al caso de los Azzies se originó en un baile celebrado en un lugar llamado Muhopper, cerca de Mullinahoe. Se trataba de una reunión jovial, una agradable juerga, en la que los representantes de dos antiguas facciones, los Shanavest y los Caravat, se reunieron en términos aparentemente amistosos. Todo fue bien mientras mantuvieron un terreno común, y bailaron al son de una música común. Pero los Shanavest, a través de Andrew Fox, un miembro de su partido, exigieron una giga Shanavest, que se tocó y se bailó. Los Carravats no aceptaron de inmediato lo que sin duda consideraron un desafío, y Fox y sus amigos abandonaron el lugar. Pero apenas lo hicieron, se tocó una giga de los Carravat. El grupo de Fox regresó entonces y se produjo una pelea. Un hombre llamado John Dooley, perteneciente a la facción Caravat, apuñaló a una persona de nombre Bryan, que murió inmediatamente. Por el homicidio de Bryan, su agresor está condenado a cinco años de prisión. Thomas Croke, uno de los Caravat, atacó a Fox, apuñalándolo con una pequeña navaja, y luego Dooley hirió mortalmente a Fox con la navaja más grande con la que ya había matado a Bryan".*

IS MINIC GHEARR TEANGA DUINE A SCÓRNACH

A menudo es la lengua de una persona

la que le corta la garganta
El irlandés Sean Focal

Este pie de foto es de una época posterior de las luchas de facciones en la que se había pasado claramente de los métodos tradicionales de usar el Shillelagh y el Cudgel de Blackthorn a usar armas más contemporáneas como las cuchillas, así que volvamos al día de las luchas de facciones tradicionales.

Estamos a principios del siglo XIX en Irlanda. Las cosas son duras, la vida es dura. Irlanda tiene una de las mayores densidades de habitantes rurales del mundo. La gente vive en pequeñas granjas que apenas pueden mantener a una familia sin hambre. Viven en chozas con paredes de barro mientras luchan por pagar unos alquileres cada vez más altos. Muchos se ven arrojados a la carretera sin un lugar al que ir, pero con muchas bocas que alimentar. Las garras de Gran Bretaña se estrechan cada vez más en torno a las gargantas del pueblo irlandés, y poco a poco van cerrando la tráquea de todas las familias rurales pobres para acabar asfixiándolas. La tierra es una bomba de relojería a punto de estallar en cualquier momento.

Estas condiciones desesperadas hicieron que más gente se organizara en facciones para contraatacar a quienes los desalojaban de sus tierras. A menudo, incluso llevaban a cabo ataques contra los que ocupaban sus tierras después de haber sido desalojados. Por ejemplo, en Limerick veintisiete familias fueron desalojadas y sus tierras tomadas por tres granjeros, esos mismos tres granjeros fueron mutilados y uno incluso decapitado.

Con el tiempo, las facciones perdieron el rumbo y empezaron a luchar entre sí en lugar de contra las autoridades, lo que dio lugar a una de las épocas más sangrientas de la historia de Irlanda. Las facciones estaban generalmente vinculadas a los clanes, por ejemplo, si uno era un "Murphy" o un "Ryan" podía formar parte de una facción o si uno era un "Burke" o un "O'Reilly" podía formar parte de otra. Las facciones tenían nombres como los "Tres años" y los "Cuatro años", las "Gallinas negras" y las "Urracas" o simplemente llevaban el nombre del clan, como los "Cummins" o los "MacGraths". Las peleas estallaban por todo el país, eran batallas feroces e implacables que consistían en enemistades familiares, enfrentamientos territoriales y puñetazos al orgullo. A veces, una batalla estallaba sólo por deporte. A menudo, un combate comenzaba tras un desafío formal. La forma habitual de que una Facción desafíe a otra es que un miembro lleve un abrigo detrás de ella. Si un miembro de la Facción rival se paraba sobre el abrigo, se aceptaba el desafío y a partir de ahí se preparaban las batas para el combate.

Figura 22: El arrastre del abrigo

Las facciones de la región del Ulster eran generalmente de carácter sectario. Dos de estos grupos del norte de la isla eran los "Peep O'Day Boys" y los "Defensores", originarios del condado de Armagh. Los Peep O'Day Boys eran una sociedad secreta protestante activa durante el siglo XVIII y fueron los predecesores de la "Orden Naranja", una organización fraternal protestante actualmente activa con sede principalmente en el norte de Irlanda, pero también en Escocia, aunque tiene logias en todo el mundo dentro de los países de la Commonwealth.

Los Peep O'Day Boys obtuvieron su nombre debido a los ataques que realizaban a la población católica en busca de armas y que generalmente se producían entre el atardecer y el amanecer. En represalia, los católicos comenzaron a organizarse para proteger a sus conciudadanos y esa facción pasó a llamarse los Defensores.

Los dos grupos se enfrentaron violentamente hasta la Batalla del Diamante en 1795, en la que salieron victoriosos los Peep O'Day boys. La victoria supuso la fundación de la Orden Naranja y una campaña para librar al Ulster de los católicos mediante la limpieza étnica. En los años siguientes, miles de católicos se vieron obligados a buscar refugio en otros lugares de Irlanda.

Sin embargo, los conflictos sectarios no eran exclusivos del norte de Irlanda. En el Dublín de mediados del siglo XVIII, los "Ormond Boys", carniceros católicos del mercado de Ormond, y los "Liberty Boys", tejedores protestantes del barrio de Liberties, se enfrentaban a menudo con violencia en las calles de Dublín. En la figura 23 vemos una ilustración que representa una lucha de facciones entre Orangemen y Whiteboys.

Figura 23: Combate entre Kelly y Grimes - Franklin

La mayor pelea de facciones registrada en Irlanda tuvo lugar el 24 de junio de 1834 en Ballyeigh strand, Ballybunion Co.Kerry. Se dice que más de tres mil combatientes participaron en este evento épico. Las dos facciones eran los Coolen por un lado y una facción opuesta formada por los Lawlors, los Blacks y los Mulvihills. Cuando los combates terminaron y la sangre de los Cudgles se secó, se dijo que había 200 muertos y cientos de heridos.

Hoy en día, en Ballyeigh Strand hay una piedra junto a la playa que luce una placa dedicada a los que lucharon en la poderosa batalla. En ella se lee:

LUCHA DE FACCIONES EN BALLYEIGH, BALLYBUNION

LAS PELEAS DE FACCIONES ERAN PELEAS EN FERIAS, MERCADOS, FUNERALES, ENCUENTROS DE CARRERAS Y FESTIVALES. AL PRINCIPIO LAS ÚNICAS ARMAS UTILIZADAS ERAN PALOS. LAS PELEAS DE FACCIONES SE ORIGINARON EN CLONMEL, Co. TIPPERARY EN 1805 Y SE EXTENDIÓ RÁPIDAMENTE POR TODO EL PAÍS. EN LA FRONTERA DE KERRY LAS MAYORES FACCIONES ERAN LOS COOLEENS Y LOS BLACK MULVIHILLLS.

EL 24 DE JUNIO DE 1834, UNA LARGA DISPUTA ENTRE LOS COOLEENS, LOS BLACK MULVIHILLS Y LOS LAWLORS SE CULMINÓ EN UNA DE LAS PELEAS MÁS DURAS QUE SE HAYAN VISTO JAMÁS. TUVO LUGAR EN EL FESTIVAL ANUAL DE JUEGOS Y CARRERAS DE BALLYVEIGH, QUE SE REMONTA A TIEMPOS PAGANOS. ESE FATÍDICO DÍA,

UNOS 1.200 HOMBRES DE LOS *COOLEENS* CRUZARON EL RÍO CASHEN HASTA LA PLAYA DE BALLYVEIGH Y SE ENFRENTARON A UNA FUERZA DE UNOS 2.000 HOMBRES DE LOS THELAWLORS Y LOS MULVIHILLS. A PESAR DE SU TEMPRANO ATAQUE, SE VIERON OBLIGADOS A DIVIDIRSE Y RETIRARSE. LA SECCIÓN MÁS PEQUEÑA FUE CONDUCIDA HACIA EL RÍO CLASHEN. SUS BARCOS NO PUDIERON SOPORTAR EL NÚMERO DE PERSONAS QUE INTENTABAN SUBIR A BORDO. ALGUNOS SE AHOGARON Y MUCHOS MÁS FUERON GOLPEADOS HASTA LA MUERTE CON PALOS Y PIEDRAS

EL NÚMERO DE MUERTOS SE ESTIMA EN 20, PERO SE CREE QUE ES MAYOR DEBIDO AL NÚMERO DE PERSONAS QUE MURIERON A CAUSA DE SUS HERIDAS. NO SE DETUVO A NADIE COMO RESULTADO DE LA INVESTIGACIÓN. LA ÚLTIMA REUNIÓN OFICIAL SE CELEBRÓ EN BALLYVEIGH LOS DÍAS 9 Y 10 DE SEPTIEMBRE DE 1856. LA CARRERA SE TRASLADÓ A LISTOWEL Y AHORA ES UN EVENTO ANUAL DE GRAN ÉXITO.   LH

Figura 24: Batalla de las facciones de los rasgos de William Carleton e historias del campesinado irlandés

Otro acontecimiento famoso por su bullicio es la feria de Donnybrook, que se celebraba anualmente el 26 de agosto, establecida por Carta Real en 1204 por el rey Juan. La feria era un evento en el que se hicieron famosas las peleas entre facciones. En ella se instalaban puestos y tiendas de campaña en el verde de Donnybrook, en Dublín, donde se vendían productos como whisky, arenques de la bahía de Dublín, carne en conserva, tocino y repollo. Era famosa por la bebida, el juego y, por supuesto, las peleas. El cuadro de Samuel Watson "A scene at Donnybrook fair" ofrece una excelente visión de esta feria. La feria fue clausurada por las autoridades en 1855.

Un hecho interesante sobre esta feria es la marca que ha dejado en el idioma inglés. Esta feria era tan infame por sus peleas y caos que si se busca la palabra "donnybrook" en el Diccionario Oxford se define como: *"una escena de alboroto y desorden; una discusión acalorada".*

¿Qué pasó con la lucha de facciones? Se cree que la Lucha de Facciones se extinguió tras un declive masivo en la segunda mitad del siglo XIX. Durante la Gran Hambruna Irlandesa de 1845-1849 "An Górta Mór", se calcula que murió un millón de personas y otro millón emigró a tierras extranjeras en busca de una vida mejor. Esto significa que durante este periodo de tiempo la población de Irlanda se redujo entre un 20 y un 25 %.

La devastación de la Hambruna, el auge del Fenianismo (Republicanismo Militante Irlandés) y la influencia de la Iglesia Católica fueron factores que influyeron en el declive de las Luchas de Facción. La liberación de Gran Bretaña se convirtió en una perspectiva más probable en este período, por lo que se hicieron grandes esfuerzos para eliminar este rasgo negativo del pueblo irlandés con la esperanza de evitar parecer bárbaro ante el mundo exterior. Sin embargo, el legado de la lucha de facciones no terminó aquí. Se llevó con la diáspora irlandesa a través del Océano Atlántico a América del Norte. Los emigrantes irlandeses bajaron de los llamados barcos ataúd a un mundo dominado por los anglosajones protestantes blancos (WASP) estadounidenses. Pensaron que habían dejado atrás la antigua guerra entre protestantes y católicos en Irlanda, pero rápidamente aprendieron que las cosas tampoco eran tan diferentes al otro lado del Atlántico, socialmente hablando, ya que muchos irlandeses experimentaron los prejuicios extremos de las clases altas protestantes estadounidenses.

A mediados del siglo XIX, los irlandeses volvieron a agruparse en facciones, pero esta vez en Estados Unidos. Uno de estos grupos era el de los "Conejos Muertos" del distrito de los cinco puntos de Nueva York, y en el bando contrario tenían una facción rival conocida como "Los Bowery Boys". Los Bowery Boys eran una facción nativista, antiirlandesa y anticatólica basada principalmente en el distrito de Bowery de Nueva York. Un miembro famoso de los Bowery Boys era un hombre llamado William Poole (1821- 1855), también conocido como Bill el Carnicero, y un miembro destacado de los Conejos Muertos era el boxeador de nudillos desnudos de origen irlandés John Morrissey (1831 - 1878), que fue elegido en el Salón Internacional de la Fama del Boxeo en 1996. Estas dos facciones aparecen en la película de 2005 de Martin Scoresse, Gangs of New York, basada en la vida de Nueva York durante esta época. William Poole es la base del personaje de la película interpretado por Daniel Day-Lewis, también conocido como Bill el Carnicero.

Una canción escrita por Henery Sherman Backus llamada "Sagittarius Bard" detalla una batalla entre los Bowery boys y los Conejos Muertos el 4 de julio de 1857

> *Tuvieron una terrible pelea, el pasado sábado por la noche,*
> *Los periódicos dieron la noticia de acuerdo;*
> *Armas, pistolas, garrotes y palos, agua caliente y ladrillos viejos,*
> *Que los llevó al otro lado del Jordán.*

Coro
Entonces quítate el abrigo y súbete la manga
Porque Bayard es una calle difícil de recorrer;
Así que quítate el abrigo y súbete la manga,
La sexta sangrienta es una calle difícil de recorrer, creo.

Como perros salvajes lucharon, esta noche del 4 de julio,
Por supuesto, trazaron sus planes de acuerdo;
Algunos resultaron heridos y otros muertos, y se derramó mucha sangre,
En la lucha al otro lado del Jordán.

Coro
La nueva policía se unió a los chicos de Bowery en línea,
Con órdenes estrictas y correctas;
Las balas, los palos y los ladrillos volaron, y muchos gimieron y murieron,
El camino es difícil de recorrer sobre el Jordán.

Coro
Cuando la nueva policía interfirió, esto hizo
que los Conejos se burlaran,
y los enfureció mucho;
Con ladrillos entraron, decididos a ganar,
Y llevarlos al otro lado del Jordán.

Coro
Al fin la batalla terminó, pero pocos descansaron esa noche,
porque sus sueños eran espantosos;
Porque el diablo en dos palos marchaba sobre los ladrillos,
Toda la noche al otro lado del Jordán.

Coro
Al día siguiente tuvieron otra refriega,
Los Pájaros Negros y los Conejos Muertos de acuerdo;

*Los soldados fueron llamados, para sofocar el poderoso motín,
y los condujeron al otro lado del Jordán.*

Entonces, ¿se ha extinguido la lucha de facciones en Irlanda? Si me preguntaran a mí, tendría que decir que no. Cuando crecí en Dublín, Irlanda, era habitual que cada pueblo o incluso cada urbanización rivalizara entre sí de la misma manera que lo hacían las facciones en el siglo XIX. Estas rivalidades a menudo estallaban en peleas que comenzaban con las dos zonas rivales arrojándose piedras y luego se enfrentaban a corta distancia, lo que a veces podía incluir el uso de palos.

Esto demuestra que la mentalidad sigue siendo la misma, pero ¿podría llamarse realmente lucha de facciones? Quizás no, pero lo más interesante es referirse a la comunidad itinerante. Este grupo social vive en clanes muy unidos a los que se dirigen por sus nombres de familia, casi como el sistema de clanes. Son famosos por sus peleas familiares y por el boxeo a puño limpio.

Estas disputas familiares suelen desembocar en peleas que incluyen el uso de armas como ganchos y palos, y a veces incluso pistolas. Uno de estos incidentes dignos de mención ocurrió en una urbanización de Mullingar, en el condado de Westmeath, en 2008, y en él participaron unos cien individuos armados hasta los dientes que protagonizaron una pelea sin cuartel. Los medios de comunicación lo calificaron de disturbios, pero para mí se trató de una pelea de facciones, ya que se debió a una decisión controvertida en un combate de boxeo a puño limpio, por lo que una guerra que debería haberse resuelto con una pelea a puñetazos de los campeones de la familia no lo fue. Parece que esto se convirtió en una espiral que conmocionó a la familia, que necesitaba un cierre, lo que llevó a un Donnybrook total, así que en realidad fue una pelea de facciones, ya que fue una batalla campal entre clanes rivales. Por lo tanto, la lucha de facciones existe, pero sólo cuando se dan ciertas circunstancias.

Por otra parte, en la era de la tecnología y con la facilidad de acceso a Internet y al transporte público, se ha producido un aumento de los jóvenes que se reúnen para librar batallas campales a través de las redes sociales en todas las urbanizaciones de Dublín. ¿Quizás se trate de una nueva forma de lucha de facciones en la era digital?

Para comentar las disputas familiares de los nómadas, con las que simpatizo totalmente. No es una cuestión que pretenda comprender, pero creo que, al igual que los combatientes de las facciones del siglo XVIII, son un pueblo oprimido, ya que su cultura y su modo de vida se ven constantemente atacados por la expansión urbana de Irlanda. Y al igual que las facciones del siglo XVIII, que acabaron enfrentándose entre sí, ellos también han hecho lo mismo. Como siempre, con la historia como testigo, los oprimidos se volverán contra los suyos. Por lo tanto, este trabajo no pretende faltar al respeto a la comunidad itinerante.

CONCLUSIÓN

Ha sido un largo camino pero un gran viaje para descubrir la historia de las Artes Marciales Gaélicas. Aunque largo, fue tan sorprendente y aventurero como extenso. Durante mi investigación me topé con información sorprendente, mientras que durante mis viajes conocí a algunas personas interesantes. Desde gurús e instructores de artes marciales hasta fabricantes de palos. Sin embargo, también me encontré con lo que creo que son farsantes. Mi viaje me ha llevado a través de muchos libros, revistas, sitios web, documentales y a profundizar en los archivos. Junto con esto también me llevó a los clubes de artes marciales y desde el comienzo de la escritura de este, he tomado las artes marciales para mí mismo y ahora la práctica en el arte filipino de Kali, así como la lucha de palo irlandés.

Fue una tarea difícil investigar la cultura marcial de Irlanda, ya que a lo largo de la historia la costumbre de los antiguos irlandeses es transmitir el conocimiento de boca en boca en lugar de a través de las escrituras, esta práctica se conoce como Béaloideas, que se traduce aproximadamente como Educación de boca. Debido a esto, hay numerosas afirmaciones de que ciertas artes son irlandesas y, al no haber forma de refutarlas debido a la falta de registros, ¿cómo se sabe lo que es auténtico y lo que no?

La respuesta corta es que no se sabe. Así que lo que hice

fue tomar lo que se podía rastrear y ponerlo por escrito. Sin embargo, hay mucho más por ahí en relación con las artes marciales irlandesas, pero sin tener ninguna evidencia sólida para apoyarlo sentí que podría ser objeto de un intenso escrutinio, por lo que decidí dejarlo fuera.

Esto, para ser honesto, no es un problema, ya que las artes marciales irlandesas nunca fueron un sistema estructurado escrito para que uno pudiera aprender de la literatura, así que lo que he hecho en este libro es dar una visión general de la historia de las artes marciales irlandesas en su conjunto en lugar de tener que descubrir extractos de numerosos lugares diferentes.

De todos modos, las artes de lucha irlandesas fueron creadas para luchar y no para presumir sobre el sistema de quién es mejor que el de quién. Si uno quería honestamente averiguar qué arte era mejor se hacía simplemente, desafiar al otro luchador. Era un arte de lucha en una época de lucha, una época tan peligrosa que era esencial aprender a protegerse y defenderse para sobrevivir.

Las artes marciales no se desarrollan para ser escritas y vendidas como las mejores, se desarrollan para luchar, para protegerse y defenderse de los enemigos o atacantes y simplemente porque las tradiciones irlandesas no incluyan el registro de todo en papel no hace que las artes marciales irlandesas sean menos arte que las de cualquier arte asiático. El Wing Chun, por ejemplo, también se transmitía de boca en boca. Hay un vídeo que un luchador de Wing Chun decidió grabar sobre el arte y de él se toman todas las referencias de este arte.

Durante este proceso he aprendido que Irlanda tiene una rica historia marcial, pero también he aprendido que está poco más que extinta, así que es básicamente sólo eso, historia. Aunque las artes marciales se siguen practicando ampliamente en toda la isla, no son las artes nativas del país. Lo que se encuentra principalmente son las artes comunes como el Karate, el Tae kwon do, el Ju Jitsu, etc. Estas artes se practican ampliamente en Irlanda y, aunque los luchadores están en deuda con el estilo de vida de las artes marciales, muchos desconocen por completo que ellos también tienen un trasfondo cultural en las artes marciales.

Sentí que debido a esto sería importante dar a conocer la cultura marcial irlandesa al público para que el mundo sepa que nosotros en Irlanda también tenemos una profunda historia de las artes de lucha y no de las peleas bárbaras y también para que el pueblo irlandés sepa que su propia cultura es tan rica y fuerte como cualquier otra así que ¡estén orgullosos de su sangre guerrera!

Los irlandeses son una raza profundamente cultural que ha sido conocida por la lucha a lo largo de la historia. Pero hoy en día la lengua y la cultura están en un rápido declive. Siento que el pueblo irlandés ya no sabe quién es. Hay, sin duda, en mi mente una crisis de identidad dentro de la Irlanda de hoy. Creo sinceramente que muchos irlandeses sabrían más de la historia de Estados Unidos que de la suya propia.

Irlanda ha cambiado mucho en las últimas décadas. Ya no es una nación predominantemente rural y agrícola. La mayoría de la población vive ahora en ciudades como Dublín, Cork, Belfast y Limerick. Estas ciudades son centros de población multiculturales en los que viven y trabajan personas de todo el mundo, y con ellas podemos conocer otros orígenes culturales. Creo que los irlandeses se sienten culturalmente inadecuados en contraste con las culturas de fuera. Por eso creo que es el momento de redescubrir nuestras raíces culturales para poder compartirlas con las otras culturas que viven en Irlanda hoy en día. Además, al hacer esto, uno descubrirá quiénes son realmente y de dónde vienen espiritualmente.

Creo firmemente que nuestras artes marciales nativas son la mejor ruta para el descubrimiento, ya que con las artes marciales prevalecen la lengua, la historia y las tradiciones irlandesas. El viaje a las artes marciales será un viaje a la cultura e historia de nuestro país. Una persona descubrirá cosas sobre Irlanda y sobre sí misma que encenderán una curiosidad que le llevará a sumergirse en muchos libros y archivos, así como en Internet, en busca de más conocimientos sobre sus antepasados, con el fin de obtener más conocimientos sobre "uno mismo".

Fin

REFERENCIAS

ANARCHIST FEDERATION. *Class Struggle in Ireland 1760 - 1840*. [online]. [Accessed 4 May 2013]. Available from World Wide Web: **http://www.afed.org.uk/org/org60.pdf** >

Ancient Warriors: Irish Warriors of the Emerald Isle. Directed by Phil GRABSKY. Discovery Channel. 1994.

ASKABOUTIRELAND. *Donnybrook Fair*. [online]. [Accessed 21 Jan 2011]. Available from World Wide Web: **http://www.askaboutireland.ie/learning-zone/primary-students/looking-at-places/dublin-city/the-neighbourhood-of-dubl/donnybrook-fair/** >

Association of Australian Celtic Wrstling. [online]. [Accessed 5 Aug 2012]. Available from World Wide Web: **http://www.coreedaoz.com/attachments/PanCeltic_Wrestling.pdf** >

CARLTON, William. 1852. *Traits and stories of Irish Peasantry*. George Routledge & Co.

CLARKE, Samuel and James S. DONNELLY. 1983. *Irish Peasants: Violence and Political Unrest, 1780-1914*. Manchester University Press.

CLEMENTS, John. 2006. A Short Introduction to Historical European Martial Arts. *Meibukan Magazine*, Jan, pp.2-4.

DAVITT, Michael. 1883. MICHAEL DAVITT ON IRISH CRIME. *New Zealand Tablet*, 16 Feb, p.13.

DICTIONARIES, Oxford. *Oxford Dictionaries Language Matters*. [online]. [Accessed 21 Jan 2011]. Available from World Wide Web: **http://www.oxforddictionaries.com/definition/english/donnybrook?q=donnybrook** >

FLANNAGAN, Deirdre and Laurence FLANNAGAN. 2Rev Ed edition (1 Mar. 2002). *Irish Place Names*. Gill & Macmillan Ltd.

GORMAN, Bartley and Peter WALSH. 2003. *King of the Gypsies*. Milo Books.

Irish Martial Arts. NBC15.com. 2012.

Knuckle. Directed by Ian PALMER. Bord Scannan nahEireann; BBC Storyville; Irish Film Boards; Rise Films. 2011.

Lámh Fhada Dan Donnelly. TG4.

MCGINN, Davie. 2000. *Know the sport of back hold wrestling*. [online]. [Accessed 12 Aug 2012]. Available from World Wide Web: **http://www.wrestle.co.uk/rules.htm** >

Na Céad Fight Clubs. Directed by Geraldine HEFFERNAN. TG4.

O'FLYNN, Diarmuid. 2011. *Hurling: The Warrior Game*. The Collins Press.

OXFORD UNIVERSITY PRESS. 2002. *The Oxford Companion to Irish History*. Oxford.

THAMES STAR. 1879. Faction Fights. *Thames Star*, 4 June, p.3.

VARIOUS. 1994. *Lady Gregory's Complete Irish Mythology*. Bounty.

WALKER, Donald. 1840. *Defensive Exercises: Comprising Wrestling, Boxing & c*.

WOODHAM-SMITH, Cecil. 1962. In: *The Great Hunger*, Harper and Row.

Lightning Source UK Ltd.
Milton Keynes UK
UKHW021833210622
404755UK00009B/1034